호랑이 그림자를 한 고양이

공황, 오늘도 죽다 살아난 사람들

김진관 지음

생각의힘

호주 시드니에서 심리치료에 전념한 지 십 년이 넘었습니다. 그동안 어느 한 주도 빠짐없이 공황장애 환자를 치료했습니다. 지금도 매주 만나는 내담자들 가운데 대략 20% 정도는 공황장애를 겪었거나 겪고 계신 분들입니다. 공황장애에 대해 사람들이 잘 모르는 사실 몇 가지가 있는데, 그중 하나는 공황장애가 이렇게 흔하다는 것이고, 다른 하나는 공황장애가 대부분 단기간에 수월하게 치유된다는 것입니다. 하지만 이처럼 수월하게 나아질 수 있다는 걸 알고 치료를 받으러 오는 분들이 거의 없습니다. 대부분 장기간 고생할 걸 각오한 듯한 무거운 표정으로 오셨다가, 첫 시간에 자세한 설명을 들으신 후에야 마음이 한결 누그러지고 표정이 밝아집니다. 그걸 몰라서 오랫동안 고통받고 계신 분들이 너무 많습니다. 그래서 오래전부터 이 책을 내야 한다고 생각해 왔습니다.

이제라도 실행에 옮길 수 있게 되어 감사하게 생각합니다.

호주에서는 국가 공인 자격증을 소유한 임상심리 전문가 (또는 심리상담가, 심리학자)에게 공황장애를 비롯한 심리장애에 대해서 심리치료를 받을 경우 국민건강보험이 적용됩니다. 아쉬운 건 일 년에 고작 10회기의 상담치료에 대해서만 치료비가 지원된다는 점인데, 여기에는 그렇게 하는 '타당한 근거'기 있습니다. 과학적인 연구 결과들을 통해 '그 정도면 충분하다'는 게 증명되었기 때문입니다. 이는 사실입니다. 우울증이나 각종 불안장애, 즉 널리 알려져 있고 흔한 심리장애들은 심리상담치료 10회기를 통해 눈에 띄게 호전될 수 있다는 게 수없이 많이 검증되었습니다. 대학마다 심리학과 부설로 운영하는 심리상담치료 클리닉의 그룹치료 대부분이 10주 프로그램입니다. 매주 1회기, 2시간씩(개인치료는 1시간, 그룹치료는 2시간을 기본으로 합니다), 10주 동안의 치료가 끝난 후 조사해 보면 80% 이상이 눈에 띄게 나아짐을 보입니다. 세계 각국에서 헤아릴 수 없이 많은 연구 결과들이 쏟아져 나왔고, 학술지에 꾸준히 발표되고 쌓이면서 정부가 더 이상 심리치료를 외면할 수 없는 상황에 이르렀습니다. 그래서 호주에서는 2006년부터 심리장애의 심리치료에 대해 국민건강보험을 적용하기 시작했습니다. 그 덕에 공황장애나 불안장애가 단기간에 잘 치료된다는 걸 아는 사람이 제법 많아졌습니다. 호주 국민들에게는 임상심리

전문가를 찾아가서 심리치료를 받는 일이 흔한 일이자 상식이 되었습니다.

'말이 되는' 노력을 하는데 결실을 맺지 못하는 경우는 없습니다. 말이 되는 노력이란 내담자 스스로가 치료의 원리와 방식에 대해 이해하고 수긍한다는 뜻입니다. 그럴 경우에는 내담자가 스스로 치료의 길잡이를 믿고 적극적으로 따라오기 마련입니다. 공황장애에 대해 그리고 자기 자신에 대해 정확하게 이해하면 어렵지 않게 극복할 수 있습니다. 그리고 심리상담을 통해 공황장애가 치유된 분들은 다음과 같은 것들을 깨닫게 됩니다.

'공황장애는 생각이 많고 여리고 민감한 사람들에게 흔히 찾아올 수밖에 없구나.'
'공황장애는 전혀 무서운 게 아니고, 아주 이상한 일도 아니구나. 내 신체와 정신은 완벽하게 정상이구나.'
'공황장애는 너무 높은 긴장 상태에서 살고 있었다는 경고였구나. 이제라도 마음을 잘 돌봐야겠다.'
'주변에 상당히 많은 사람들이 진작에 공황장애를 겪었거나, 현재 겪고 있거나, 앞으로 언젠가 겪을 수 있겠구나.'

공황장애로 치료를 받는 사람들은 대체로 기질적으로 예

민하고, 생각이 많고, 감수성이 높다는 공통점이 있습니다. 이들은 너무 신중해서 안 해도 되는 생각까지 곱씹으면서 하고, 작은 일도 크게 받아들이는 경향이 있어서 감정의 높낮이가 큰 편이고, 돌아서서 쉽게 잊지 못하기에 감정의 여운이 길게 늘어집니다. 그러다 보니 남의 눈치를 많이 살피는 편이고, 갈등을 피할 수 있다면 스스로 손해를 보는 것도 마다하지 않습니다. 즉 남들에게는 좋은 사람이지만, 자기 스스로를 힘들게 하는 사람들입니다. 이런 사람들은 살면서 한 번쯤 공황장애를 겪을 가능성이 매우 큽니다. 안 그래도 복닥거리는 삶에서 남들보다 조금 더 초조하게 복닥거리다가 긴장이 팽배해지고 누적되면 어느 날 갑자기 공황장애가 시작될 수 있습니다. 공황장애는 남에게 밝히기 부끄러운 심리장애가 전혀 아닙니다. 용기를 내서 "나 공황장애야."라고 공개하는 사람들이 늘었지만, 그게 용기가 필요하다는 것이 참으로 이상한 일입니다. 한국에서도 공황장애에 대한 올바른 지식과 심리상담 치료에 대한 올바른 인식이 뿌리내리기를 간절히 소망합니다.

차례

3부

악순환의 늪에서 벗어나기

1부

**공황장애,
호랑이
그림자를 한
고양이**

오늘도 죽다 살아난 사람들

공황장애라는 진단명이 세간에 알려진 지 십여 년 정도 되었다. 예기치 못한 순간 아무런 이유 없이 심장이 벌렁거리고 호흡이 짧아지고 몸이 떨리는데 어찌 안 놀랄 수 있을까? 몸에 큰 이상이 생긴 건 아닌가 하는 두려움이 엄습하지 않을 리가 없다. 그런데, 어디선가 혹시 이런 이야기를 들어본 적 있는가.

　　공황발작은 온전한 정신과 육체의 증거다.

　　구석에 몰려 무방비 상태로 곧 적의 칼을 받아야 할 운명에 처한 졸개 무사, 으슥한 밤 골목길을 혼자 걷던 여인이 몇 발짝 떨어진 시커먼 그림자에게서 위협적인 기운을 느끼는 순간, 또는 가족의 교통사고 소식을 듣고 달려와 응급실 문을 열고 들어섰지만 사람은 보이지 않고 중환자실 사인이 눈에 들어오는 찰나를 상상해 보라. 이럴 때 심장박동이 호수처럼 잔잔하고, 호흡이 판소리 장인처럼 길고 고르며, 땀 한 방울 없이 피부가 보송보송하고, 얼굴에 온도 변화도 없이 눈꺼풀이 나른하게 늘어져 있다면 온전한 정신과 신체의 소유자라 할 수 없다. 사이코패스가 가식을 떨지만 않는다면 딱 이런 모습일 것이다.

극심한 공포의 순간에 감정의 격동은 불 보듯 뻔하고, 몸 안의 생리적 각성이 최고조까지 치솟는 건 정상이다. 그리고 온전한 육체라면 그렇게 치솟은 감정에 걸맞게 요동을 쳐야 마땅하다. 머리털이 꼿꼿하게 일어서고, 동공이 팽창하며, 심장이 벌렁거리고, 호흡이 짧아지고, 손발에 땀이 흥건하고, 팔다리가 가늘게 떨리는 것이 정상적인 육체의 반응이다. 신체의 반응만 놓고 보면 이는 공황발작의 증상들과 딱 일치한다.

당신은 아마 이런 이야기도 들어본 적 없을 것 같다.

공황발작은 아무나 덮치지 않는다. 섬세하고 여린 사람을 주로 겨냥한다.

감수성이 높은 사람들은 넓게 잡아 대략 삼분의 일 정도 된다. 소위 순하고 여리고 착하다는 평을 듣는 이들은 대체로 생각이 많고 감정의 여운이 길다. 즉 미안하거나 서운한 상황이 생기면 어제와 내일의 일까지 두루두루 걱정하고, 굳이 고려하지 않아도 될 것들까지 다 끌어다가 복잡하게 고민한다. 사고 과정이 털털하기보다는 진지하고 꼼꼼하다. 그러다 보면 미안하거나 서운한 감정이 해소되거나 잊히기까지 시간이 오래 걸린다. 이처럼 감수성이 높은 사람은 생각이 복잡하고 집요한 탓에 감정의 파고가 크고 여운이 길게 남는다.

감수성이 높은 이들은 낮은 이들에 비해 생리적으로도 각성 수준[1]이 높은 편이다. 별탈 없이 평화로운 때에도 각성이 마냥 낮은 건 아니다. 느긋하게 이완되어 있는 시간이 상대적으로 적다. 상대적으로 감수성이 그리 높지 않은 이들은 지루한 활동보다 스릴과 짜릿함을 느낄 수 있는 적극적인 활동을 좋아한다. 반대로 감수성이 높고 생리적 각성 상태가 다소 높은 이들은 느긋하고 평화로운 느낌을 주는 활동을 더 선호하는 편이다. 자신의 신체 내각성이 높은 사람은 각성을 낮추는 활동을 더 반기고, 각성이 낮

---

1 각성 수준level of arousal이란 생리적으로 그리고 심리적으로 얼마나 깨어 있는지, 얼마나 예민하게 경계하면서 살피고 있는지, 그리고 얼마나 자극에 민감하게 반응하는지의 정도를 말한다. 생리적 각성이 낮으면 뇌가 인지하지 못하고 반응을 하지 않고 있다가 어느 수준 이상으로 높아지면 인지하면서 상행성 망양체부활계Ascending Reticular Activating System(ARAS)를 활성화시키는 반응을 한다. 그로 인해 자율신경계Autonomic Nervous System, 내분비기관Endocrine System 등이 활발해지면서 심장박동이 빨라지고 혈압이 상승하며, 신체감각과 반응이 매우 민감해진다.

아서 지루한 사람은 각성이 올라가는 자극을 추구하는 성향을 보이는 것이다. 인간은 대체로 그렇다.

　살다 보면 누구나 몇 개월 또는 일 년 정도 스트레스와 긴장에 시달리는 시기를 지나게 된다. 그런 시기를 평생 한 번도 겪지 않으려면, 무슨 일이 생기든 그 일의 의미를 이해하지 못할 정도로 지능이 낮아야 가능하다. 사람들은 누구나 살면서 자연스럽게 자신들만의 고난의 시기를 지나게 된다. 무던한 사람들은 스트레스를 좀 받아도 비교적 잘 털고 긴장감에 오래 끌려다니지 않는다. 고난의 시기에도 소위 베개에 머리 닿는 순간 코 골기 시작하는 사람은 복을 타고났다. 높아진 긴장이 채 가라앉기 전에 또 다른 긴장이 얹혀야 생리적 각성 수준이 꾸준히 상승하는데, 일에 몰두하면 잊고, 놀다 보면 까먹고, 잠을 청할 땐 본능적으로 느슨해지는 사람에게는 그런 일이 좀처럼 일어나지 않는다. 감수성이 높아 긴장의 여운이 길어지는 사람은 그런 태평한 사람을 보면 부러움과 함께 이유 없는 억울함을 느낀다. 왜 마음고생은 늘 자기 몫인지 한탄하며, 목마른 사람이 우물을 파는 법이니 해결책 모색 또한 자기 몫이라 느낀다. 감수성이 높은 사람들은 그렇게 생각을 스스로 끌어다 곱씹기 때문에 상대적으로 감성의 파고가 더욱 거세고 여운도 길다. 쉽사리 가라앉지 않은 긴장 위로 또 다른 긴장을 얹는 상황이 이어진다. 긴장이 누적되면서 신체 안에 생리적 각성이 자꾸 상승하고, 그런 식으로 서서히 공황발작을 맞이할 준비를 한다. 각성 수준이 한껏 높아진 상태로 지내다가, 어느 날 조금만 더 각성이 상승하면 공황발작이 시작될 것이다. 다만, 본인은 그런 사실을 짐작조차 하지 못한다. 생리적 각성이라는 건 일반적으로 통용되는 개념이 아닌지라 자신의 체내 각성 상태를 스스로 점검하는 법을 배운 적이 없다. 각성이 최고조까지 상승하면 공황발작을 하는 게 정상이라는 것도 배운 적이 없다. 즉 어느 날 이유없이 갑자기 공황발작이 자신을 덮쳤다고 착각할 수밖에 없다.

당신은 이런 말은 들어봤을 것이다.

공황발작은 심리적인 문제일 뿐 몸이 잘못되는 병은 아니다.

그렇다면 몸에 이상이 없는데 대체 왜 그런 증상이 생기는 걸까? 그리고 몸의 이상이 아니라면서 왜 오랫동안 약을 먹어야 하는가. 공황발작이 또 올까 봐 여전히 두려운 나는 마음이 단단하지 못하다는 뜻인가. 의문이 풀리지 않은 분들은 다음의 글을 천천히 그리고 골똘히 생각하면서 읽어 보시기를 권한다. 꼭 천천히, 또박또박 읽어 보시기 바란다.

공황발작은 진화를 통해 유전자에 새겨진 반사 반응이다

우리의 뇌는 오랜 기간 진화를 거치는 동안 유전자 안에 공황발작이라는 프로그램을 심어왔다. 잡아먹힐 위기의 순간에 공황발작 증상이 펼쳐지곤 했다. 목숨이 위태로운, 적어도 5분 정도의 시간 동안에는 맞거나 팔이 잘려도 아픔을 느끼지 못하는 혼비백산의 상태가 필요했다. '싸우건 도망가건' 온몸의 세포가 젖 먹던 힘까지 쥐어짜야만 했다. 그래서 학계에서는 공황발작을 '투쟁-도피 반응Fight or Flight Response'이라 부르기도 한다. 공황발작은 그렇게 우리 유전자 안에 반사 반응으로 자리 잡아 왔다. 그건 증상이 아니었다. 생존을 위한 순리의 반응이었다.

적장의 너그러움으로 간신히 목숨을 건졌을 때, 나에게 다가오는 시커먼 그림자가 알고 보니 마중 나온 큰오빠였을 때, 황망한 걸음으로 중환자실로 향하는 자신을 불러 세우는 가족의 목소리가 귓전을 울릴 때를 상상해 보라. 안도의 한숨과 더불어, 터질 듯 팽창해서 턱밑까지 차오른 심장이 공기가 빠져나가듯 제자리로 내려앉는다. 그때 '응급실로 달려가 검사를 받아야 하나' 의심할 사람은 없다.

나를 집어삼킬 위협이 닥치는 순간, 생리적 각성이 '역치 수준'[2]까지 도달하면 뇌는 위기의 순간으로 판단하고 온몸의 세포들에게 반사 반응을 명령한다. 즉, 공황발작이 점화된다. 우리는

2　소리가 작으면 들리지 않다가 점점 커지면서 어느 수준에 도달하면 들리기 시작하는 것처럼, 현상을 인지하고 반응을 일으키기 위한 어떤 자극의 최소치를 역치 수준threshold level이라 한다.

여전히 그 프로그램을 간직하고 있다. 그러나 현대인들은 그 정도의 위기 상황을 여간해서는 만날 일이 없기 때문에 공황발작을 할 일이 사실상 없어졌다. 그런데 신기하게도 그 정도까지 각성이 상승하는 사람들이 많아졌다. 다시 말해 공황발작을 경험하는 빈도수는 현저히 증가했다. 긴장이 누적되고 각성이 쌓이면서 어느덧 역치 수준의 턱밑까지 도달한 사람들이 많다는 뜻이다. 그 정도까지 각성이 상승해 있으면, 약간의 자극만 얹어도 쉽게 역치 수준을 넘기게 된다. 즉 일 년 내내 각성 수준이 80인 사람은 각성이 조금만 더 쌓여도 역치 수준 90[3]에 도달하게 되고, 그럴 때 뇌는 어김 없이 종을 울린다. 각성을 고작 10 정도 끌어올리는 건 약간의 초조함이나 작은 놀람만으로도 충분하다. 운전 중에 한강대교가 살짝 진동하는 느낌에도, 잠들기 전 내일 일을 걱정하기 시작할 때에도, 꽉 막힌 차들 때문에 터널 안에 갇혀서 답답함을 느끼는 순간에도 각성은 소폭 상승한다. 문제는 90을, 즉 역치 수준을 넘긴다는 사실이다. 아무 일도 일어나지 않았지만 뇌는 긴박한 위기의 순간임에 틀림없다고 판단할 수밖에 없다.

---

3   이와 같은 수치는 존재하지 않는다. 이 책에서는 설명이 용이하도록 편의상 가장 낮은 각성 수준을 0으로, 가장 높아서 공황발작이 극에 달한 상태를 100으로, 공황발작이 점화되는 수준의 각성을 90으로 설정했다.

전체 인구의 30% 정도가 공황발작을 겪어 봤다

이는 전혀 과장이 아니다. 2006년에 미국에서 성인들을 무작위로 추출하여 전문가들이 심층면접을 실시한 연구 결과를 보면, 공황발작이 무엇인지 설명한 후 살면서 한 번이라도 겪어 본 적 있는가 물었을 때 '그렇다'고 답한 사람이 28.3%였다. 공황장애로 진단이 될 정도로 심각하게 고생하였거나 하고 있는 사람은 4.8%였다.

지난 10년간 심리상담치료를 하면서 어느 한 주도 공황장애 환자를 치료하지 않고 지나간 적이 없다. 우울증, 불안장애, 성격장애 등의 문제로 인해 심리상담치료가 필요한 분들은 곧바로 상담소를 찾기보다는 '사는 게 다 그런 거지' 하고 버티기 일쑤다. 그러다가 어느 날 느닷없이 공황발작을 겪게 되면 서둘러 병원을 찾고, 의학적 원인이 없다는 걸 알게 되면서 심리상담을 찾아오는 경우가 대부분이다. 반대로 다른 문제들을 해결하고자 상담을 시작한 사람이 '극심한 스트레스로 인해 허약해지고 악화된 건강 상태'에 대해 하소연하다가 공황발작이 무엇인지 자세한 설명을 들으면 "아… 제가 그때 겪은 게 공황발작이었군요!" 하고 뒤늦게 깨닫는 일도 흔하다.

공황발작이 뭔지 아는 사람이 그 정도로 없다. 한 가족당 한 명꼴로 겪고 있는데도 겪고 있는 자신도, 가족도, 이웃도, 친구도 그게 뭔지 모르고 지나가는 일이 흔하다. 뒤집어서 생각해 보면, 한두 번 겪다가 자연 치유가 되는 사람이 많다는 말도 된다. 처음엔 극도로 무서웠더라도, 반복해서 겪었지만 몸에 아무런 탈이 나지 않으니 '별거 아닌가?' 하는 생각이 들면서 스스로 안도할 수 있게 되면 역치 수준 90을 넘나드는 일이 자연히 없어진다. 그러다가 공황발작이 점화되는 일이 없어지면 '어느 날 나도 모르게 스르르' 자연 치유가 되었다고 느끼게 된다.

공황발작이 이렇게 흔한데도 체감하지 못하는 또 한 가지 이유는, 우리 사회가 안고 있는 편견을 의식해서 자신의 '심리적인 문제'를 주위에 알리기 꺼리는 사람들이 많기 때문이다. 물론 많은 사람이 가족 또는 믿는 친구에게 털어놓고 의지를 한다. 그리고 가족이나 친구는 공황장애를 감춰 주고 보호해 준다. 그러나 여전히 부담을 주고 싶지 않고 나약한 모습을 들키기 싫어서 알리지 않는 사람이 많다. 이는 공황장애로 정신건강의학과를 드나든다는 말을 하는 걸 용기라고 인식하는 사회라 그렇다. 대체 왜 용기가 필요한가? 그 자체가 안타깝다. 일부 연예인들의 용감한(?) 커밍아웃 덕분에 공황장애라는 병을 누구나 다 알게 되었지만, 여전히 힘겨운 정신적 고난의 상징 같은 것으로 인식된다. 모르니까 무섭고, 무서우니까 심각해지고, 심각하니까 감추고 싶은 거다. 그러니 이 흔한 게 흔하다는 사실을 알 길이 없다.

몰라서 무섭고, 각성이 더욱 높아지니
공황발작은 더욱 빈번해진다

우리 몸 안에서 어떤 일이 일어나고 있었는지 우린 모른다. 그저 스트레스가 좀 많았다는 것만 알 뿐이다. 각성이란 단어도 생소하고, 각성이 상승한 지 오래되었다는 것도 모르고, 역치 수준에 달하면 공황발작 증세가 반사적으로 일어난다는 것도 몰랐다. 그래서 우리는 공황발작이 점화되었을 때 더 심한 혼비백산을 경험한다. '내 몸이 왜 이래? 심장마비야? 왜 숨이 안 쉬어져?' 이런 생각을 차분하게 골똘히 하는 건 아니다. 그저 무의식중에 그런 불길한 생각이 마음을 훑고 지나간다. 느닷없고 이유도 모르는 공황발작을 처음 겪을 때, 대략 70% 정도의 사람들이 '행여 심장마비, 무호흡증, 또는 알려지지 않은 어떤 급성 증상으로 인해 횡사할까 봐' 염려한다. 무엇을 무서워해야 할지 실체가 분명하지 않을 때 인간은 더욱 큰 두려움을 느끼는 법이다. 게다가 목숨에 위협이 가해진 듯한 으스스한 느낌보다 더 큰 공포는 없다. 이래저래 역치 수준을 빈번하게 넘나들 여건이 마련되었다.

20~30% 정도의 사람들은 공황발작을 처음 맞을 때 '혹시 심각한 정신병으로 진행하는 길목에까지 와 있는 건 아닌가' 무의식중에 두려움을 느낀다. 현대사회에는 자신이 왠지 언젠가는 심리치료를 받아야 할 것만 같다고 느끼면서 사는 사람들이 제법 많다. 우울이나 불안이 어딘가 친숙한 영역이라고 느끼면서, 신문 기

사나 글을 만나면 유심히 살펴보곤 하는 것이다. 가족 중에 심각한 정신장애를 가진 사람이 있는 경우, 어떤 장애이고 원인이 무엇인지 모른 채 그저 '내 유전자에도 혹시 그런 기운이 잠재하고 있는 건 아닌지' 찜찜함을 느껴 본 사람들이라면 더욱 그럴 것이다. 전문가가 아닌 이상 지식을 바탕으로 한 판단력이 있을 리가 만무하니, 그저 찜찜한 채로 있다가 공황발작을 만나게 되면 화들짝 놀란다. 세상에서 가장 무서운 겁을 무의식중에 또 먹었다면, 이제 공황발작의 역치 수준을 더 빈번하게 넘나들 수밖에 없다.

공황발작을 처음 겪을 때 정신을 잃거나 기절할 것만 같은 극심한 증상에 시달리면 '내가 행여 통제력을 잃고 이상한 짓을 해버리면 어쩌나' 하는 두려움을 느낀다. 대략 5%의 사람들이 사람이 많은 곳에서 '소리를 지르거나, 뭔가 집어 던지거나, 어딘가로 뛰어내리거나, 갑자기 욕을 하는' 등의 이상한 행동을 해버릴까 봐 당황한다. 평소에 욕구와 감정을 억제하고, 자기표현을 극도로 절제하면서 누적된 감정의 응어리를 자주 느끼는 사람은 저 밑에서 뭔가가 치밀어 오르기 시작하면 왠지 자신도 모르게 사고를 칠 것만 같다고 느낀다. 그런 사람들은 갑작스러운 신체 증상의 광풍에 휘말리면 너무 당황한 나머지 갑자기 정신줄을 놓거나 평소에 억누르던 게 터져 나올까 봐 두려워한다.

그래서 이 장의 마지막에 제시한 표 1의 진단기준 B의 1번이 만들어졌다. 공황발작이 자신을 또 덮쳤을 때 '죽을까 봐' '정신

이상으로 발전할까 봐' 또는 '통제력을 잃을까 봐' 염려하기 시작하면 공황발작이 빈번해지면서 공황장애의 진단기준을 충족시키게 된다.

생사의 기로인 줄 아니
없던 힘까지 쥐어짜는 게 당연하다

표 1의 A에 소개한 신체 증상들을 살펴보자. 증상들이 극도로 현란하다. 땀이 나고, 질식할 것 같고, 기절할 것 같고, 몸이 떨리고, 오한이 오거나 몸에 열이 오르고, 메슥거리고, 구토증이 나고… 이러니 공포를 느끼지 않을 수가 없다.

공황발작을 겪을 때 많은 사람이 '무호흡증'이라 생각하지만 사실은 '과호흡'이다. 숨이 안 쉬어진다고 착각하고 생존 본능 때문에 자신도 모르게 무의식중에 숨 들이마시기에 필사적으로 집중한다. 본인의 의지와는 상관없는 반사 반응처럼 자동이다. 순간적인 산소 과다 유입은 당연히 어지럼증을 유발한다. 누구나 숨을 빠르게 스무 번 정도 힘차게 픽, 픽, 픽, 들이마시면 현기증을 느낄 것이다. 그런 줄도 모르고 숨이 안 쉬어진다고 착각하고, 곧 현기증이 올라오니까 질식할 것만 같은 느낌이 들 만도 하다. 어지러우니 쓰러질 것 같고, 이유 없이 쓰러질 것 같으니 기절하는 건 아닐까 오해를 하는 것이다. 순식간에 무의식중에 진행되는 생각의 흐름이다. 사실 공황발작 때문에 기절하는 사람은 없다!

단지 각성이 상승했을 뿐인데 우리의 뇌는 눈앞에 위기 상황이 닥친 줄로 착각을 했고, 온몸이 전시 태세에 돌입해서 에너지를 숨 가쁘게 내뿜는다. 그럴 때 자신의 신체 중 좀 더 예민한 부위들이 잘 못 견디면서 탈이 난다. 소화기 계통이 예민한 사람들은 공황발작 때 메슥거림과 구토 증상을 겪기 쉽다. 심장 부위가 좀 더 예민한 사람들, 평소에 심리적으로 압박감을 잘 느끼는 사람들, 억눌려 쌓인 화가 있는 사람들은 가슴 부위의 통증을 호소하는 경향이 있다. 두려움 때문에 불편한 감정을 부인하고 숨기는 성향의 사람들은 두통을 호소하곤 한다. 평소 긴장이 잦고 식은땀을 잘 흘리거나 얼굴이 잘 달아오르는 사람들은 공황발작 때 어김없이 땀을 비 오듯 흘리거나 몸에 열기가 오른다. 이상한 일이 아니다.

공황발작은 기껏해야 10분이다

진화를 통해 유전자에 새겨진 반사 반응이다. 인류가 진화해 온 그 오랜 세월 동안 공황발작을 10분 이상 지속할 이유가 없었다. 죽건 살건 10분 이내로 게임은 끝났다. 딱 생존에 필수적인 만큼의 에너지를 한순간에 몰아 쓰는 패턴이 유전자에 장착되었다.

또 하나의 이유, 인간의 체력에는 한계가 있다. 올림픽에서 메달을 노리는 선수도 긴장 속에 사투를 벌이면 10분 내로 녹초가 된다. 격투기 경기를 보면, 불법 약물로 지구력을 증폭시키지 않은 이상, 격렬하게 주먹을 지르고 발차기를 5분만 해도 방전이 된다. 게다가 긴장이 지나쳐서 심장이 두근거리는 채로 경기에 임하면 별로 한 것도 없이 5분도 지나지 않아 체력이 바닥난다. 공황발작의 경우도 없던 힘까지 격렬하게 쥐어짜는데 그걸 10분 이상 해낼 재간이 없다. 공황발작이 쓸고 지나간 이후에 녹초가 된 듯 피로감을 느끼는 것은 지극히 합리적인 결과다.

공황발작 또는 극심한 공포 증상이 몇 시간 또는 반나절 내내 가라앉지 않았다고 말하는 사람들이 가끔 있다. 역치 수준 90을 넘겼을 때 공황발작이 점화되고, 공황발작의 증상들이 펼쳐지다 대략 10분 이내로 각성 수준 90 아래로 다시 떨어지면서 심장은 잔잔해지고 호흡은 돌아온 듯하며 몸 떨림이나 어지럼증은 다소 완화가 된다. 그러나 놀란 가슴이 진정되는 건 별개의 이야기다. 평소에 각성을 80으로 유지하며 긴장 상태에서 살고 있던 사람은 공황발작이 가라앉아도 다시 80으로 떨어졌을 뿐 한참 아래의 평화롭고 느긋한 상태로, 즉 각성 수준 50 이하로 떨어지는 건 아니다. 방금 쓸고 지나간 공황발작 증상의 여운이 신체에 남아 있고, 이게 뭔지 몰라 혼비백산한 마음도 그대로이고, 뭔가 대책을 강구하지 않으면 조만간 또 덮칠지 모른다는 초조함이 팽배할 때, "반나절 내내 증상에 시달렸다"는 표현이 나올 법도 하다. 어쩌면 실제로, 무의식중에 불길한 생각이 또 스쳐 가면서 금세 다시 90을 넘겨서 짧은 시간 안에 공황발작이 다시 점화될 수도 있다. 마치 파도가 밀려 들어왔다 나가기를 반복하듯이 몇 시간 동안 여러 차례의 공황발작이 일어났는데, 자신은 하나의 공황발작이 길게 이어졌다고 느끼는 것이다. 이런 현상은 평소에 습관적으로 건강에 대해 과도하게 염려하는 사람에게서 자주 발견된다. 가족 내에 심장 질환에 대한 유전적 소인을 가진 사람의 경우라면 더욱 그렇다.

공포증은 길지만, 공황발작은 짧다

공포증과 공황발작의 차이는 증상의 지속 시간에서 확연히 드러난다. 폐소 공포증은 좁은 곳에서 탈출하기 전까지, 고소 공포증은 낮은 곳으로 내려오기 전까지 내내 심장이 요동치고 호흡이 가파르고 땀이 나고 몸이 떨린다. 거미 공포증 역시 거미를 안 보이는 곳으로 치우기 전에는 증상이 쉽사리 가라앉지 않는다. 어떤 종류의 공포증이건 공포 대상에 직면한 상태에서 한 시간 내로 긴장이 가라앉는 경우는 거의 없다. 하지만 장시간 피하지 않고 계속 머물러 있으면 결국 긴장이 내려간다. 울고불고 애원해도 거미를 치우지 않고 계속 두면, 어떻게든 몇 시간 동안 도망치지 않고 버텨만 주면 차츰 진정되기 시작한다. 높은 곳이나 좁은 곳 역시 오랜 시간 버텨 주면 그 장소에서의 그 느낌에 차차 익숙해지면서 결국 긴장의 수위가 내려간다. 아무리 낯선 것도 오래되면 익숙해지고, 익숙해지면 긴장하지 않는 것이 몸과 마음의 원리다. 그래서 공포증 치료의 핵심은 회피하지 않고 부딪히는 '노출 기법exposure

technique'이다. 물론, 치료의 초기에 성급히 노출 기법을 적용하지
는 않는다. 치료가 진행되면서 차차 마음의 준비가 되면 치료의
막바지 단계에서는 노출 훈련의 비중이 높아진다.

　　공황발작은 다르다. 당장 노출 기법을 시작해도 된다. 가장
큰 이유는 고작 10분이기 때문이다. 그 상황을 벗어나지 않고 그
대로 있어도 어차피 짧게는 2~3분, 길어야 10분 정도 지나면 가라
앉는다. 하루에 한 번씩 공황발작을 겪고 있다면 "하루도 거르지
않고 공황발작이 오니 살 수가 없다." 하소연하겠지만, 하루에 10분
만 고생하면 된다고 생각하면 마음이 한결 가벼워질 수 있다. 10
분 동안의 현란한 증상은 분명 유쾌하지 않다. 그러나 공황장애가
고통스러운 진짜 이유는 나머지 23시간 50분 동안 앉으나 서나 무
의식에서까지 불길한 생각에 시달리면서 신경이 곤두서 있기 때문
이다. 어느 한순간도 전처럼 마음 턱 놓고 느긋할 수 없어서 고통
스럽다.

　　백 미터를 전력으로 달리고 나면 10분 정도는 빠른 심장박
동과 가빠진 호흡 때문에 뭔가를 제대로 할 수 없는 상태가 된다.
그러나 마음의 고통이나 초조함은 없다. 신체의 급격한 변화가 백
퍼센트 이해가 되고 금세 가라앉을 것도 알기 때문이다. 만약 그
럴 때 어딘가 전화를 걸어서 일을 처리해야 한다면 조금 기다렸다
가 가라앉은 후에 하면 된다. 공황발작의 경우에도 마찬가지의 태
도가 필요하다. 회의 중에 공황발작이 오면 잠깐 화장실에 다녀올

수 있다. 10분씩이나 다녀오는 게 썩 내키지 않을 수도 있겠지만, 가쁜 호흡 상태로 진지한 발언을 하는 것보다 낫다면 그리할 수도 있겠다. 물론 조금 상기된 상태로 발언을 한다 해서 누가 문제 삼을 이유는 없다. 신기하게 들리겠지만, 공황발작이 점화된 후에도 마음이 혼비백산하지 않다면 할 말은 다 할 수 있다. 또박또박 천천히 말하겠다고 다짐하고 해 보면 그런대로 할 만하다. 물론 조금 상기된 모습이나 약간 허둥대는 듯한 느낌을 다 없애지는 못할 것이다. 남이 어떻게 볼까 걱정되지만 않는다면 그렇게 해 봐도 좋다. 회의가 끝난 후에 "아까는 잠시 현기증이 나고 식은땀이 좀 났었는데 이제 괜찮습니다. 갑자기 속이 꼬이고 화장실에 가고 싶어져서 그랬나 봐요."라고 하면 사람들은 크게 개의치 않는다. 운전 중에 공황발작이 와도 사고를 낼 리가 없다는 걸 믿고 그대로 주행하면서 10분을 기다려 주면 된다. 공황발작 중에도 지금 이 순간 정상 운행이 가능한지 불가능한지 스스로 판단이 가능하다. 진짜 기절할지도 모른다는, 재빨리 차를 세우지 않으면 큰 사고를 낼 거라는 생각에 몰두해서 극도의 초조함에 휘말리지만 않는다면 분명 올바른 판단이 가능하다. 그러니까, 진심으로 별거 아니라는 믿음이 있어야 가능하다. 그런 믿음을 갖고 공황발작이 와도 정말 괜찮으면 그 순간부터는 더 이상 장애가 아니다. 10분만 기다리면 지나간다는 믿음이 확고해야 한다. 생각, 감정, 신체 변화의 상관관계와 진화를 통해 인체 내에 자리 잡은 그 오묘한 시스템에 대해서 이해가 깊어지는 만큼 믿음이 강해진다.

　　전 세계 인구의 30% 정도가 공황발작을 겪는다. 현재 공황
장애로 고생하는 사람도 수를 헤아릴 수 없을 정도로 많다. 그런
데 아직까지 어떤 학술 논문이나 신문 기사에서도 공황발작으로
인해 기절해서 사고를 냈다거나, 차로 꽉 막힌 터널 안에 갇혀서
창문을 열지 못해 공기가 통하지 않아 질식사했다거나, 골든 타임
을 놓쳐서 목숨을 잃었다는 보고가 없었다. 또한 어떤 종류의 심
리치료이건 공황장애에 대해 '회피하기'가 아닌 '노출 기법'을 권
고한다.

안전을 확보하려고 취한 행동이 불안을 부추긴다

이제 표 1의 진단기준 B의 2번에 제시된 '부적응적인 행동의 변
화'에 대해 알아보자. 안전행동Safety Behavior 및 회피행동Avoidant
Behavior에 관한 이야기다. 긴장이 너무 높아지면 괴로우니까 어떻
게든 불안을 예방 또는 해소해 보려는 의도에서 취하는 행동을 안
전행동이라 부른다. 즉, 평소에는 하지 않을 행동을 애써 할 때 안
전행동으로 분류한다. 반대로, 평소에는 아무렇지 않게 하던 행동
을 불안 때문에 안 하게 되면 회피행동이라 부른다. 공황발작을
맞으면 뭐라도 붙잡고 의지하려는 절박한 심정이 되기 때문에 필
사적으로 안전행동과 회피행동에 집착하게 된다. 그러나 이는 결
과적으로 문제를 더 심화시킬뿐더러 나아가서 문제의 영역을 더

확장시킨다. 그래서 결국 공황장애가 된다.

손을 쓸 틈도 없이 큰 변을 당할지도 모른다는 두려움에 앰뷸런스를 불러 응급실에 가는 사람이 꽤 많다. 당시 곁에 있던 사람이나 의지하고픈 사람에게 연락하고 간청해서 응급실에 함께 가는 경우가 대부분이다. 그런데 가는 도중에 또는 응급실에 도착한 후에 이미 어느 정도 진정이 되어 있다. 10분이 지났기 때문이다. 보호자가 곁에 있고 이제 병원에 몸을 맡길 수 있다는 안도감에 진정이 되었다고 생각한다. 사실 '몸의 문제'를 의심했다면 '의지할 사람과 병원이 주는 안도감' 덕에 진정이 된다는 게 논리적으로 모순이다. 심장마비나 뇌졸중이 보호자가 곁에 없는 순간을 알고 찾아올까. 심리적으로 안도하고 안정감을 느낀다 해서 신체의 질병을 막을 수 있는가. 그런데 혼비백산의 상태에서는 논리가 살아 있지 못하다. 그저 무의식중에 그렇게 느꼈으니 따질 것도 없이 그게 사실인 걸로 받아들이면서 감정이 폭발한다. 불길함을 느끼면 이미 재앙이 나를 덮친 거라 생각한다. 이제는 누군가 곁을 지켜 주지 않으면 불안해서 각성이 급상승하게 되었다. 침실에서 혼자 잠을 청하려 하면 공황발작이 점화되지만 누군가 함께 있어 주면 잠이 잘 온다. 어떤 이는 거실 소파에서 잠을 청하면 잠이 잘 온다고 한다. 왜 그러느냐 물으면 자기도 잘 모르겠다고 답한다. 혹시 가족들에게 발견될 수 있다는 생각이 무의식중에 안도감을 주는 거냐 물어보면, 솔직히 잘 모르겠지만 그것도 말은 된다거나 듣고 보니 진짜 그런 것 같다고 답하기도 한다. 대낮에도 집에 혼자 있을 때는 왠지 긴장감이 감돌고, 전화기라도 손 가까이 두고 있으면 좀 낫다는 사람도 있다. 조금만 이상한 느낌이 올라오면 단축 다이얼을 누르면 된다는 생각일 것이다. 어딘가에 혼자와 있는데 마침 휴대폰 배터리가 바닥에 가깝고, 둘러봐도 충전할 곳이 마땅치 않다면 갑자기 심장이 슬슬 요동치고 식은땀이 나기 시작한다. 순식간이다. 충전기까지 챙겨서 다녀야 그나마 안정이 된다.

운전 중에 공황발작이 와도 사고가 나지 않는다. 신체의 떨림과 가쁜 호흡 그리고 안절부절못하는 마음이 고통스럽긴 하지만 신경을 곤두세우고 정신을 차리고 있는데 사고를 낼 리가 없다. 답답한 차에서 내려서 시원한 공기를 마시지 않아도 이미 잘 호흡하고 있으며 기절하거나 질식할 일은 없다. 그러나 무의식은 그렇게 생각하지 않는다. 가령 이런 식이다. '창문을 닫고 달리니 왠지 답답하다. 운전 중 황급히 갓길에 차를 대고 내려 찬 바람을 맞은 덕에 진정이 되었던 기억이 슬며시 마음을 툭 건드리고 지나간다. 갑자기 호흡이 뻑뻑했던 그때의 느낌이 뇌리를 스친다. 심호흡을 해 본다. 좀 더 크게 해 본다. 답답하다. 덥다. 히터에서 나오는 뜨뜻한 바람이 매우 성가시다. 호흡곤란과 함께 몸이 후끈 달아올랐던 그때의 느낌과 너무 흡사하다. 이러다가 시작되었던 것 같다. 창문을 열자니 추운 겨울이고, 친구들은 무슨 짓이냐고 아우

성일 것이다. 화장실이 급하니 삼시 쉬었다 가자고 말해 볼까. 되도록이면 가족 이외의 사람들과는 한 차로 다니지 말아야겠다. 특히 남의 차를 얻어 타는 건 금물이다. 그것도 한겨울에는 절대 안 된다. 아니다, 여름이 더 곤란하겠다. 차라리 겨울에는 차가운 바람이 신선하지 않냐고 억지를 좀 부릴 수도 있겠다. 그런데 여름이라면 에어컨을 끄고 창문을 열어서 후텁지근한 열기를 한 모금만 마시자, 좋지 않느냐고 우길 수는 없잖은가. 여름이건 겨울이건 낯선 사람과의 동승은 금물이다. 어렵게 모셔야 하는 분들은 최악이다. 돌아보면, 그런 상황에 처할 때마다 공황발작이 왔었다. 그러니 이런 상황은 어떻게든 피해야 한다.'

안전행동 및 회피행동은 무의식 안의 불길한 생각들에 대해 옳고 그름을 검증할 필요도 없이 무조건 사실로 받아들이기에 문제가 된다. 큰일이라도 날 것처럼 절박하게 그 행동에 매달린다. 그런 자신의 행동을 보면서 무의식은 이렇게 생각한다. '내가 대체 왜 이러겠어. 알 만큼 알고 살 만큼 살아온 내가 이렇게 행동하는 데는 다 그럴 만한 이유가 있는 게 아닐까? 아니면 내가 간단한 사리분별도 못하는 바보란 말인가? 얼마나 무서운 병마가 날 노리고 있으면 내가 이렇게까지 절박하고 초조하게 굴겠는가 말이다. 손쓸 겨를도 없이 갈지도 모르는 마당에 이 정도밖에 못하는 게 더 답답하다. 그놈의 체면 때문에 최소한의 예방만을 하고 있는 셈이다. 사실 집 밖으로 나서기도 싫지만 삶은 살아야 하니까 어떻게든 부딪히면서 견디고 있다. 이런 나를 예민하다거나 나약하다거나 오버한다고 말하면 그건 오산이다. 이 심정을 누가 알아줄까?'

무의식중에 스치는 불길한 생각들이
공황발작을 점화시킨다

의식 안에서 골똘히 점검하면 합리적인 결론을 내리겠지만 무의식 속의 생각은 논리가 없다. 무의식 안에서의 생각의 회로는 어마어마하게 빠르고 의식 안에서는 지나치게 느리다. 무의식중에 뭔가 스쳐 가는 순간 일 초도 지나지 않아 이미 감정은 격동하고 몸은 격렬히 반응을 시작한다. 누군가 곁을 지켜 주지 못하면 손쓸 겨를도 없이 변을 당할 수도 있다는 공포나, 차 안의 공기가 텁텁하면 통풍이 부족해서 질식사할지도 모른다는 불길함 등은 찬찬히 따져 보면서 느끼고 반응하는 게 아니라 자기도 모르게 순식간에 일어나는 과정이다. 공황발작이 왔던 순간, 대체 무슨 불길한 생각을 했기에 그리도 각성이 치솟았는지 기억해 보라 하면 대부분 답을 하지 못한다. 그냥 증상이 갑자기 자신을 덮쳤고, 그저 또 한번 화들짝 놀라서 경황이 없었으며, 어떻게 하면 그 위기를 벗어날까 생각에 골몰했을 뿐이라고 답한다. 막상 무의식에 대한 탐색을 통해 앞에서 제시한 예와 같은 생각의 흐름을 정리하고 나면 대부분 "말 되네요. 그랬나 봐요."라고 답한다.

특정한 상황에서만 유독 공황발작이 촉발되는 현상과 그

럴 때마다 절박하게 매달리는 안전행동과 회피행동은 무의식 안의 이러한 생각의 흐름 때문이라는 걸 받아들이면 모두 자연스럽게 설명된다. 자기도 모르는 사이에 지나가는 이러한 생각을 '자동화된 사고automatic thoughts'라 부르며, 이것이 '역치 수준'을 넘기면서 공황발작을 점화시키는 직접적인 요인으로 작용한다. 즉 공황장애의 극복 과정에 있어서 자동화된 사고를 찾아내 인지하고 검증하는 것이 가장 핵심이며 또한 제일 먼저 할 일이다. '그래, 맞아. 신체의 질병이면 왜 때와 장소를 가려서 오겠어?'라는 깨달음이 진하게 가슴을 때려야 치유 과정이 시작된다. 심리상담/치료는 무의식 안의 생각을 의식으로 끌어올리는 작업이다.

표 1. 공황장애의 진단기준

『정신장애의 진단 및 통계 편람The Diagnostic and Statistical Manual of Mental Disorders, Fifth Edition(DSM–5)』에서는 공황장애의 진단기준을 아래와 같이 나열하고 있다.

A. 예기치 않은 공황발작이 반복된다. 몇 분 내에 두려움이나 불쾌감이 급등하여 절정에 달하는 동안에 다음 증상 중 네 가지 이상이 나타난다.
  1. 심장박동수가 빨라지고 심장이 두근거린다.
  2. 땀이 많이 난다.
  3. 몸이 심하게 떨린다.
  4. 숨이 가빠지고 숨을 못 쉴 것 같은 느낌이 든다.
  5. 질식할 것 같은 느낌이 든다.
  6. 가슴에 통증이 있거나 압박감이 든다.
  7. 구토증이 나고 배 속이 불편하다.
  8. 어지럽거나 기절할 것 같은 느낌이 든다.
  9. 오한이 오거나 몸에서 열이 오른다.
  10. 마비된 것 같거나 따끔거리는 느낌이 드는 등 지각에 이상이 있다.
  11. 비현실감이나 이인증(자신으로부터 분리된 느낌)이 나타난다.
  12. 통제력을 잃어버리거나 미쳐버릴지도 모른다는 두려움이 있다.
  13. 죽어 가고 있다는 두려움이 엄습한다.

B. 최소한 한 번 이상의 공황발작 후 한 달 이상 다음 두 가지 중 한 가지 또는 둘다 발생한다.
  1. 공황발작과 결과(예: 통제력 상실, 심장마비, 정신 이상)에 대해 지속적으로 걱정하고 염려한다.
  2. 공황발작과 관련하여 심각한 부적응적인 행동의 변화가 있다. (예: 공황발작을 피하기 위하여 운동이나 친숙하지 않은 상황을 회피하는 행동)

안전한 곳을 떠나지 못하는 사람들

광장공포증: 손쓸 겨를도 없이 변을 당할까 두려운 마음

광장공포증이란 어떤 특정 장소나 특정 상황에만 처하면 어김없이 공황발작이나 다른 고통스러운 신체 증상이 생길 것만 같아 두렵고(진단기준 1), 그때 도와줄 사람이 없거나 그 장소나 상황을 재빨리 탈출할 수 없을까 봐 공포가 극심하며(진단기준 2, 3, 5), 따라서 그 장소나 상황을 어떻게든 회피하려는(진단기준 4) 등의 불안 및 회피 증상이 6개월 이상 지속되는(진단기준 6) 심리장애다.

공포를 유발하는 대표적인 장소나 상황은 다음과 같다.

- 운전하기, 특히 고속도로 또는 차가 막히는 구간
  → '재빨리 벗어나기 어려우니까… 게다가 운전하다가 정신이라도 잃으면…'

표 2. 광장공포증의 진단기준

『정신장애의 진단 및 통계 편람(DSM-5)』에서는 광장공포증의 진단기준을 아래와 같이 나열하고 있다.

1. 다음 5가지 중 2개 이상의 상황에 대해 뚜렷한 공포나 불안을 나타낸다.
   (1) 대중교통 수단을 이용하는 것(예: 자동차, 버스, 기차, 배, 비행기)
   (2) 개방된 공간에 있는 것(예: 주차장, 시장, 다리)
   (3) 폐쇄된 공간에 있는 것(예: 쇼핑몰, 극장, 영화관)
   (4) 줄을 서 있거나 군중 속에 있는 것
   (5) 집 밖에 혼자 있는 것
2. 이러한 상황을 두려워하거나 회피하는 이유는 공황과 유사한 증상이나 무기력하거나 당혹스러운 증상(예: 노인의 경우 쓰러질 것 같은 공포, 실금에 대한 두려움)이 나타날 경우, 그러한 상황을 피하기가 어렵거나 도움을 받을 수 없다는 생각에 빠져 있기 때문이다.
3. 공포 유발 상황에 노출되면 거의 예외 없이 공포와 불안이 유발된다.
4. 공포 유발 상황을 적극적으로 회피하거나 동반자를 필요로 하거나 또는 강한 공포와 불안을 지닌 채 견디어 낸다.
5. 공포 유발 상황의 실제적인 위험과 사회문화적 맥락을 고려해 볼 때 공포와 불안이 지나치게 심각하다.
6. 공포, 불안, 또는 회피가 6개월 이상 지속되어야 한다.

- 대중교통, 백화점, 음식점, 극장 등 특히 사람이 많을 때
  → '재빨리 탈출하기 어려울 수도 있는 데다 보는 눈마저 너무 많아서, 게다가 출구가 잘 보이지 않거나 너무 멀면…'
- 비행기 또는 배 안
  → '내려 달라 애원할 수도 없고… 병원에 가려면 열 시간 정도를 기다려야 하니…'

- 엘리베이터나 에스컬레이터
  - → '사람들을 밀치고 나갈 수도 없고 비켜서라고 법석을 떨 수도 없고…'
- 미용실에서 서비스를 받거나, 강연을 하거나, 또는 미팅에 참석 중일 때
  - → '당장 뛰쳐나가고 싶은데 뭐라 말해야 할지 난감해져서… 특히 서비스를 제공받고 있는 순간에는…'
- 공원, 광장, 해변 등의 넓고 탁 트인 곳
  - → '내 편 하나 없는 황량한 들판에 홀로 버려진 이상한 느낌… 내가 변을 당해도 누구의 눈에도 띄지 않을 것 같은 불길함…'
- 집에서 너무 멀리 떨어진 곳
  - → '재빨리 집에 가서 안정을 취할 수 없으니까, 집으로 돌아가는 긴 시간 동안 뭔가 나쁜 일이 벌어지고 말 것 같아서…'
- 집에 혼자 있기
  - → '내게 무슨 일이 벌어져도 날 발견할 사람이 아무도 없으니까… 다급하게 전화를 걸어도 때마침 전화를 받지 않으면 나는…'

광장공포증Agoraphobia의 '아고라Agora'는 고대 그리스어로 광장public square을 의미한다. 광장은 사람이 많이 모인 북적거리는 장소를 뜻하고, 광장공포증은 사람들 틈에 둘러싸여서 빠져나

가려면 시간이 꽤 걸릴 수도 있는 장소에 대한 공포증을 지칭한다. 그러나 앞의 예에서 보듯, 반드시 사람이 많이 모인 장소나 상황만이 광장공포증을 유발하는 건 아니다. 집에 혼자 있거나, 볼일 보러 혼자서 집을 나서거나, 사람이 몇 안 되는 미용실에서 서비스를 받는 상황에서도 신체 증상에 대한 두려움이 극심해서 되도록 회피하려 한다면 광장공포증에 해당된다. 특정 장소 또는 특정 상황에서 공황발작이 덮치면 행여 급사하거나, 정신을 잃거나, 사람들 앞에서 굴욕적인 모습을 보이거나, 또는 도와주는 이 하나 없이 혼자서 서럽게 고통에 짓눌려야 할지도 모른다는 두려움이 늘 깔려 있다. 이런 장소나 상황을 상상만 해도 벌써 스멀스멀 몸에 증상이 올라올 듯한 기세다. 그래서 도움의 손길이 시급한데 의지할 사람이 곁에 없을 때나, 또는 남이라도 좋으니 앰뷸런스라도 불러 줄 사람은 있어야 하는데 주위에 아무도 없을 때는 두려움이 쉽사리 떨쳐지지 않는다. 공기가 눅눅하고 더우면 왠지 증상이 올라올 것 같고, 이러다 질식할지도 모른다는 불길한 느낌이 자꾸만 날 감싸는데, 재빨리 탈출하기 어려운 상황이라는 생각이 들면 급격히 초조해지고 결국 혼비백산한다. 그래서 자꾸 피하고 멀리하다 보면 그런 장소와 상황이 점점 더 흉측하고 잔인하게 느껴진다. 그저 손쓸 겨를도 없이 변을 당할까 봐 두려운 것이다. 그게 광장공포증이다.

광장공포증은 대부분 공황발작에 대한 두려움 때문에 생긴다

전체 인구의 대략 1.7% 정도가 광장공포증을 앓는다고 보고되어 있는데, 이들 중 거의 대부분이 공황발작이 광장공포증으로까지 발전한 경우다. 공황발작을 다시 겪을까 봐 두려워서 특정 장소와 상황을 피하다가, 그게 심각해지면서 광장공포증으로 번지는 사례가 대부분이다. 그러나 공황장애를 앓고 있지만 광장공포증으로 번지지 않은 사례들 역시 많다. 광장공포증까지 겹친 경우는 회피 증상이 훨씬 심각한 경우로, 치료에 필요한 시간이 조금 더 길어질 가능성이 높다.

반대로 공황발작은 없지만, 그에 못지않게 고통스러운 다른 신체 증상을 겪을까 봐 두려워서 광장공포증이 되는 사례도 있다. 공황발작 없이 광장공포증만 있는 경우는 극히 드물지만 존재한다. 이들이 두려워하는 대표적인 신체 증상은 두통, 흔들리는 시야, 빛에 대한 지나친 민감성, 근육의 경련, 참기 힘든 대소변, 설사, 어지러움, 메슥거림, 변비, 복통, 장 꼬임, 극심한 피로감, 허약해져서 쓰러질 듯한 느낌 등이다. 공황발작과 증상의 종류가 다르지만 심리적인 흐름은 공황발작의 경우와 크게 다르지 않다. 자신의 신체 또는 정신에 뭔가 큰 재앙이 닥치고 있는 듯한 불길한 기운이 급격하게 자신을 휘감는다는 점에서는 똑같다. 안절부절못한 상태에 다시 빠지는 게 너무 두렵고, 결국 그 장소와 상황을 필사적으로 피해 가려고 애쓰게 된다는 점에서도 공황장애와 다를 게 없다. 따라서 심리치료는 공황장애와 광장공포증을 따로 구분하지 않는다. 이 책에서도 공황장애와 광장공포증의 치료법을 따로 구분해서 서술하지 않는다.

턱밑까지 쫓아온 검은 그림자

공황발작은 아무에게나 이유 없이 찾아오는 게 아니다. 대체 누구에게, 왜, 어떻게 각성이 쌓이고 쌓여 공황발작이 점화되는 역치 수준에 가까워지는가. 몇 가지 고려할 요인은 감수성의 정도, 스트레스의 강도, 그리고 스트레스 기간의 길이 등이다. 감수성이 낮아도 스트레스가 강렬하면 각성이 치솟을 수 있고, 감수성이 높으면 잔잔한 스트레스에도 오래 시달리면 각성이 역치 수준까지 다다를 수 있다.

못 견디게 독한 스트레스에는 장사 없다

이건 사이코패스와 소시오패스를 제외한 모든 이에게 유효하다. 사이코패스와 소시오패스는 후회, 죄책감, 수치심 등의 감정을 느끼지 못한다. 그런 게 없다면 각성의 상승 요인은 오직 하나, 목숨이 위태로운 순간뿐인데 이들은 그런 위기를 주는 사람들이지 받는 입장은 아니다. 그러니까 사이코패스와 소시오패스는 공황발작을 연기할 수는 있지만, 겪을 일은 없다. 그 외에는 누구도 예외가 없다. 아무리 긍정적이고 강한 멘탈을 가지고 있어도 가장 소중한 것을 잃을 위기에 처하는 등 감당할 수 없을 만큼의 두려움에 휩싸이면 공황발작이 찾아올 수 있다. 그런 위기 상황이 몇 주 또는 몇 달간 이어진다면 각성의 높은 파고가 넘실대는 건 당연하다. 안 그래도 초조함에 휩싸여 정신을 차리려고 버티고 있는데 공황발작에 또 한 번 화들짝 놀라면 금세 무너질 것 같은 공황 상태에 빠져든다. 자신감 있게 살아오던 사람도 이처럼 마음이 오그라들 수 있다는 사실에 놀라기도 한다. 이렇게 두렵고 위축될 때 어떻게 해야 하는지 배운 적이 없다. 울면 무너질 것 같아 입술을 깨물고 눈물을 삼키기도 한다. 누군가 괜찮냐 물어오면 더 무너질 것 같아 사람 만나기를 더 피할지도 모른다. 감수성이 상대적으로 낮은 사람도 삶의 고난이 급작스럽고 잔혹하면 예외 없이 공황발작을 맞게 되고, 그 후로는 감수성이 높아지면서 전반적으로 민감한 기질로 변해갈 수도 있다.

울지 않고 삼킬 때마다 공황발작에 한 걸음 더

울지 않는 단단함과 주눅 들지 않는 강인함이 트레이드마크인 사람은 두려움과 슬픔이 너무 낯설다. 모든 걸 잃을 것 같은 두려움에 공황발작까지 겹쳐서 혼란스러운데, 단단하던 자존심도 흔들리고 유연하던 자아마저도 얼어붙는 느낌이 들기 때문에 순간 모든 걸 내려놓고 싶어질 수도 있다. 주눅 드는 긴장도 먹먹한 슬픔도 자주 지나 본 사람은 유연하게 잘 지나간다. 자신의 나약함을 인정하지 않는 사람은 강해 보이려 할 때 가장 나약해 보여서 더욱 짠하다. 그럴 땐 주변의 따뜻한 지지와 격려마저 어색하고 자존심 상할지도 모른다. '너만 그런 게 아니야. 모두가 다 그래.'라는 말이 위안이 되기보다는 굴욕으로 여겨질지도 모른다. 평범함을 받아들이는 데 용기가 필요한 사람들이 있다.

우선, 공황발작이 얼마나 평범하고 정상적인지에 대한 정확한 이해가 절실하다. 갑작스럽게 찾아온 삶의 위기도 버티기 버거운데, 공황발작으로 인해 육체와 정신까지 망가질 듯한 공포에 휘말리면 헤어나오기 어렵다. 울고 싶을 땐 울어야 각성이 내려간다. 울고 싶어도 울지 않기 때문에 각성이 쌓여서 공황발작이 더 가까이 왔던 것이다. 사람이기 때문에 연약하다는 걸, 공황발작으로 드러난 평범함, 즉 인간으로서의 선천적인 나약함은 굴욕이 아니라는 걸 배워야 한다. 버거운 상황에서는 공황 상태에 빠지거나 무기력함을 느끼는 게 얼마나 인간적인지 인정해야 한다. 그럴 때는 가까운 이에게 좀 의지해도 된다는 것도 알아야 한다. 힘들 때 기대지 않을 거면 대체 왜 사람에게 사람이 소중하겠는가. 나약하지도 않고 의지할 생각도 없는 사람이 곁에 오면 누가 안아 주고 싶어 할까. 울지 않는 단단함과 절대 주눅 들지 않는 자신감이 매력적이라서 다가오는 사람들도 있겠지만, 그 속은 얼마나 여리고 힘겨울까 미루어 짐작하는 사람이 곁을 가장 오래 지켜 주는 법이다. 힘들 땐 몸에서 힘을 빼고 마음을 여는 게 지혜라는 걸 체험해야 한다.

가랑비에 옷 젖는 줄 모른다

그저 일상의 스트레스일 뿐이라도 오래되면 각성이 누적된다. 특히 감수성이 높아서 생각이 많고 감정이 오래가는 이들에게 해당되는 이야기다. 대표적인 일상의 스트레스로 성취에 대한 압박감, 가족 내 갈등, 군중 속 외로움, 직업적 불만족, 연인과의 반복되는 갈등, 경제적 불안정 등을 꼽을 수 있겠다. 어느 것 하나 가벼운 게 아니지만, 그렇다고 당장 못 견딜 정도의 스트레스는 아니다. 사는 게 다 그렇다 여기고, 꽃길만 걷는 사람은 없다고 생각한다. 해결하려 집착하기보다는 내려놓는 게 지혜로울 때가 있다는 걸 안다. 하지만 늘 하던 노력을 그만두는 게 더 어렵다고 느낀다. 내려놓는 게 옳다는 걸 절감할 때조차 그것도 아무나 하는 게 아니라고 느낀다. 즉 자신은 그저 가던 길 그대로 '쉬운 길'을 가고 있다고 생각하기 때문에 각성이 꾸준히 쌓이면서 상승하고 있다는 걸 알 리가 없다. 그저 평범하게 살고 있다고 느낄 뿐이니까.

　　감정은 욕구와 생각이 결정한다. 소망이 간절한데 이루어지거나 좌절될 가능성이 반반이라고 느끼면 불안하고 초조하다. 일이 벌어지고 소망이 좌절되면 실망한다. 그런데 상황 탓이라 여기면 원망을 한다. 남 탓이라 생각하면 분노를 느끼고, 자신의 무능력 탓이라고 생각하면 열등감과 좌절을 경험한다. 자신의 노력이 부족했음을 잘 알면 부끄러움이나 후회를 느낀다. 이런 판단을 의식적으로 할 때보다는 자기도 모르게 무의식 속에서 할 때 감정이 극단적으로 요동친다. 다음에 제시한 예시들을 보면서 무의식속 생각의 흐름을 느껴 보시기 바란다.

성취에 대한 압박감을 예로 들어 보자. 성장기 내내 늘 모범을 보이고 우등생이었으며 좋은 학교를 우수한 성적으로 졸업했다. 그런데 일인자가 되어 보지 못한 만년 이인자 신세라 늘 아쉬웠다. 야심을 갖고 회사에 들어왔는데, 직장에서는 조금 다른 능력이 필요하다는 걸 느낀다. 하루빨리 위로 오르고 싶은데 자꾸만 밀린다. 성실하게 배우고 익히면서 방대한 분량의 업무를 실수 없이 해내지만 왠지 2% 부족하다. 사회성과 리더십이 다소 부족한걸 인정하고 보완해 보려고 애쓴다. 웃겨도 보고 호탕하게 큰소리도 내 본다. 더 많은 사람과 친분을 쌓고 도와주고 진심을 내어 준다. 그런데 이상하다. 일인자는 더 멀리 달아나고 밑에 있던 사람이 어느덧 이인자로 치고 올라온다. 윗사람들이 날 좋아하고 격려는 하는데 곁에 두려 하지는 않는다. 반복된 좌절 후에 문득 앞날을 내다볼 때 무의식 안에서 이런 생각이 흐르면 어떨까. '계속 한다고 될까? 이런 내가? 없던 재능이 갑자기 생길 리는 없잖아. 아무리 노력해도 왜 사람 마음을 얻지 못할까. 노력하는 이인자가 타고난 일인자를 넘어설 수는 없는 건가. 매력도 없고 가진 것도 없는데 자꾸 실패를 거듭하면 누가 내 곁에 있어 줄까.' 이럴 땐 어둡고 답답한 터널의 끝이 보이지 않는다. 미래를 내다보는데 좌절과 실망밖에 보이지 않으면 우울해진다.

　부정적인 생각에 지배당한 무의식과는 달리, 의식 안에서는 자아가 꼿꼿이 고개를 들고 일어난다. "해서 안 되는 게 어디 있어. 더 간절한 노력을 위해서 목표를 좀 더 높이 잡는 거야. 야망이 커야 열정도 생기고 그만큼 노력도 따라가는 법이야." 그러면서 이상을 더 부추긴다. 지성이면 감천이라는 걸 되새긴다. 의도한 몽상처럼, 최후의 승자가 되어 모든 걸 독식하는 환상에 젖기도 한다. 의지가 살아나면서 기분이 일순간 좋아진다.

　상상해 보자. 이처럼 무의식에서는 습관적으로 비관주의가 흐르는데 의식적으로는 이상주의와 열정에 매달리는, 의식이 무의식을 눈치채지 못하고 애써 외면하는 사람의 하루하루는 어떨까. 노력하는 과정이 느긋할까, 몸에 잔뜩 힘이 들어갈까. 물 흐르듯 자연스러운 하루를 보낼까, 또는 하루 중에도 여러 차례 마음을 다지는 자기만의 의식이 필요할까. 자연스럽게 몰입하면서 즐거움을 느낄까, 아니면 자주 지칠까. 잠을 잘 잘까, 설칠까. 혹시 각성이 점점 쌓여가는 게 보이는가. 이 사람의 인생에 별일은 없다. 시험에서, 면접에서, 대인관계에서, 또는 업무 성과를 놓고 경쟁을 할 때 누구나 다 하는 크고 작은 실패들은 있지만 못 견딜 정도의 스트레스는 없었다. 이 사람의 마음이 점점 지쳐가고 있다는 걸 주변 사람들은 알지 못한다. 이 사람은 자기 마음이 점점 지쳐가고 있다는 건 알지만, 마음 안에 긴장이 쌓이면서 생리적인 각성이 상승하고 있다는 것은 눈치채지 못한다. 감정이 크게 손상된 적은 없지만 야금야금 꾸준히 마음고생을 하기 때문이다.

감정의 강도보다 여운의 길이가 각성을 끌어올린다

또 다른 예로, 군중 속에서 늘 외로움에 시달리는 사람을 상상해보자. 이 사람은 아마도 함께하는 모든 사람과의 모든 순간에 저마다의 의미를 부여하는 습성을 갖고 있을 것이다. 상대의 표정, 행동, 말의 내용과 톤까지 어느 것 하나 돌아서서 쉽게 잊지 못하고 자꾸만 곱씹으면서 의미를 되새긴다면 어떨까. '아까 회사에서 그가 왜 내게 굳이 그런 말을 했을까.' '내게 도움을 바란 것 같지도 않은데 오지랖 부린다고 괜한 말을 해서 불쾌해하고 있는 건 아닐까.' '저녁 한 끼 같이 하는 게 뭐 그리 어렵다고 다들 약속이라도 한 듯이 피곤하거나 선약이 있는 걸까.'

　　한 공간에서 매일 부대끼다 보면 가끔 언짢거나 서운한 일이 생길 수도 있다. 가깝게 지내고 싶은 사람이 있는 반면, 되도록이면 적당한 선을 유지하고 싶은 사람도 있다. 서운할 때 말로 풀고 싶은 사람도 있지만 그냥 말없이 지나가기를 선호하는 사람도 있다. 어딜 가나 사람들끼리는 그렇게 서로 잘 엇갈린다. 그럴 때마다 늘 '아닌 척 말고 서로 터놓기' '기회가 닿을 때마다 진심을 어필하기' '이런 일을 계기로 더 친해지기'를 지향하는 사람들은 항상 생각이 무성하고 감정의 여운도 길게 이어지는 편이다. 굳이 파고들지 않고 적당히 거리를 유지하려는 상대를 물끄러미 바라보면서 혼자 소외감을 느끼는 시간이 길어질 수도 있다. 늘 사람들과 가까이에서 어울려도 진심을 소통하지 않으면 왠지 외롭다고 느낀다.

사실 답은 간단하다. 그렇다, 안 해도 될 말을 굳이 했을지도 모른다. 혼자만 그런 게 아니라 서로가 때로는 본의 아니게 실수 아닌 실수를 했을 수도 있다. 아니라면 좋았겠지만, 그랬건 안 그랬건, 그냥 그랬다 해도 별일 아니다. 사람들끼리는 원래 그렇게 실수나 엇갈림이 많다. 모든 사람을 매 순간 만족시킬 수는 없다. 내가 아무리 잘해도 상대가 실망할 때가 있는 거니까. 서로 원하는 게 늘 다를 테니까. 찜찜한 순간이 생겨도 돌아서서 굳이 생각하지 않고 다음 날 아무 일 없듯이 행동하면 그만이다. 서로 오다가다 마주치면서 가볍게 지내는 사이에서는 행동 하나하나마다 큰 의미를 두지 않아도 된다. 사소한 인연이나 별 의미 없는 무심한 행동마저도 비중 있게 여기는 태도가 군중 속의 외로움을 부추긴다. 시시때때로 긴장하고, 답이 없는 질문에 빠져들면서 불편한 감정이 길게 이어지고, 긴장이 풀리기도 전에 또 다른 긴장이 쌓이는 일이 흔하다. 그러면서 각성이 꾸준히 상승하지만 자신은 그런 줄 모른다. 감정의 여운이 길게 늘어지는 사람은 자주 그런 기분에 젖어서 살기 때문에 익숙해져서 특별히 이상하다고 여기지도 않게 된다. 외로움과 노력이 배신당하는 억울함은 잘 알지만, 각성이 어디까지 올라와 있는지는 자각하지 못한다.

긴장은 회피해도 긴장이다
의식이 외면해도 무의식은 잊지 못한다

살다 보면 핀잔, 지적, 잔소리, 때로는 비판과 훈계를 받을 때가 이따금 있는데, 가까운 사이일수록 더하다. 직장 상사, 연인, 배우자, 부모는 세상에서 가장 나의 흠을 잘 발견하고 단점을 자주 꼬집는 사람들이다. 절친끼리는 놀리느라 흠을 들추기도 하겠지만, 직속 상사, 연인, 배우자, 부모는 진심으로 '너 잘되라고' 쓴소리를 해 주니까 받아들이는 건 기본이고 고마운 마음이 들기도 한다. 실수해서 지적받는 게 좋을 리가 없겠지만, 웬만한 잔소리나 핀잔 정도는 아랑곳하지 않는 넉살을 가진 사람들이 있다. 그들은 언제 어디서나 잘 웃고 잘 자며, 사람을 두려워하거나 미워하지 않는다. 게으르고 책임감이 부족하면 민폐가 되겠지만, 적당한 책임감을 발휘하고 있다면 그런 넉살은 넉넉한 인품으로 칭송을 받을 것이다. 반면, 흠 잡히는 걸 잘 견디지 못하는 사람들은 대략 두 부류로 나뉜다. 하나는 돌아서서 금세 잊는 사람들이고, 다른 하나는 돌아서서 잘 잊지 못하는 사람들이다. 둘 다 지적을 당하면 버럭 화를 낼 수도 있고, 변명이나 해명을 할 수도 있고, 인정하고 받아들일 수도 있다. 그런데 전자는 마음에 오래 담아두지 않기에 감정의 손상이 적고, 그런 만큼 돌아서서 실수를 태연하게 반복한다. 후자는 잊지 않고 오래 담아두기에 실수를 잘 반복하지 않는다. 대신 깊이 상처를 받고 가슴에 새긴다. 실수를 반복하지 않는 건 자존심이 상하는 걸 견디지 못하기 때문이다. 그래서 자존심이 유난히 강한 사람은 할 때 완전무결하게 하거나, 그렇지 못할 바에는 회피하는 쪽을 택하는 습성이 있다.

가장 극단적인 예로는 아무래도 시어머니를 피하는 자존심 강한 며느리를 꼽을 수 있겠다. 세상 어느 관계도 '세상에 어떻게 그렇게까지'와 '고작 그 정도를 가지고' 사이의 대립이 이보다 첨예할 순 없을 것 같다. 그런 고부 관계에서도 넉살이 좋거나, 할 말 다 하고 돌아서서 잊거나, 오히려 한술 더 뜨는 며느리들이 있다. 그들은 감정의 여운이 그리 길지 않다. 매일 보면서 부대끼면 스트레스가 적지 않겠지만, 한집에 살지 않는 한 굳이 떠올리고 기억하지 않는다면 각성이 쌓일 이유가 없다. 반면, 핀잔이라도 들으면 깊이 상처받고 오래가는 며느리는 지구 반대편에 살아도 각성이 꾸준히 상승하기도 한다. 한 달에 '고작 서너 번' 하는 전화 통화만으로도, 심지어 자신은 말을 섞지 않고 남편이 통화하는 걸 곁에서 듣기만 해도, 스치듯 지나가는 말 한마디가 마음을 할퀸다. 그리고 쉽게 털어내지 못하고 '대체 어떤 의미일까.' '언제쯤 편견 없이 날 봐 주실까.' '그게 가능하기나 할까.' '남편과의 갈등으로 번지는 건 뻔하다. 늘 그래 왔잖아.' '왜 자꾸 먼 미래까지 어둡고 차갑게 느껴질까.' 하고 곱씹는다. 이렇다면 각성이 매일 꾸준히 상승한다. 안 보고 안 듣고 살려 해도 마음속에서 자기도 모르게 보고, 또 보고 있자니 신경이 더 곤두선다. 고작 핀잔 하나일 뿐 아무것도 아니라는 걸 잘 안다. 그런데 별것 아닌 핀잔에 예민해지는 자신의 모습은 분명 또 하나의 핀잔거리가 될 것이다. 사실 그런 예민함이 되도록 들키지 말아야 할 자신의 결함이라고 생각한다. 그래서 그게 들춰지는 게 무엇보다 싫다. 그렇다고 이걸 다 적나라하게 고백할 수는 없지 않은가, 내겐 마지막 남은 자존심 같은 건데. 의식에서 외면하고 잊으려 해도 무의식에서 자꾸 휘저어 흙탕물이 일어나 쉽사리 가라앉지 않는다. 속에서 요동치고 있을 땐 곁에서 살짝만 건드려도 예민해지는 법이다. 전화벨 소리에도 신경이 곤두선다. 전화기가 있는 쪽으로 고개를 돌리기만 해도 벨소리가 들리는 것 같다. 긴장은 외면하고 피할수록 더 집요하게 따라다닌다. 감정의 여운이 길게 이어질 때 각성이 차곡차곡 쌓이게 된다.

덤비는 사람이 간절할까,
차마 덤비지 못하는 사람이 간절할까

실수 하나로 좋던 이미지를 행여 망칠까 두려워서 잘 나서지 못하는 사람들이 있다. 날카로운 안목과 탄탄한 지식을 갖추고 있어서 리더로서 손색이 없는데도 차라리 리더의 곁에서 비중 있는 참모 역할을 하는 게 적성에 맞다는 사람을 예로 들어 보자. 부족해 보이는 리더를 따르자니 아는 게 많고 전면에 나서기는 부담스럽나면 자신의 손으로 최고의 리더를 만드는 게 차선일 것이다. 그래서 리더보다 참모가 더 똑똑한 경우가 흔하다. 자신보다 덜 똑똑한 사람을 리더로 앉히는 참모는 흔하지만 덜 똑똑한 사람을 참모로 두고 의지하는 리더는 별로 없다.

리더에게는 창의적인 발상과 과감한 추진력이 필요하지만 참모에게는 두루 살피는 섬세함과 실수를 피하는 꼼꼼함이 필수다. 리더는 실수나 실패에 초연해야 하지만 참모는 작은 실수에도 진지하고 작은 평가에도 민감해야 한다. 당연히 리더에게 주어지는 책임의 무게가 훨씬 더 막중하고, 실패에 따른 후유증 또한 리더의 몫이다. 종종 '독이 든 성배'로 표현되기도 하는 리더의 자리는 가질 때 화려한 만큼 잃을 때의 추락이 아찔하다. 참 고독하고 위험한 자리임에 틀림없다. 그런 무게를 즐기는 사람이 리더 자리를 탐낸다. 그 무게를 감당하지 않아도 되는 게 참모에게는 가장 큰 혜택일 것이다. 참모는 자리가 주는 압박감과 긴장을 감당할 수 없기에 그 자리를 살짝 피하는 것이다. 그렇지만 아주 멀어지지 않고 권력의 지근거리에서 조력하는 건 강한 열망 때문일 것이다. 갖기엔 너무 뜨겁고 추구하기엔 너무 위험하지만 잊고 돌아서기엔 너무 아쉬운 열망이 있어서다.

참모의 열정이 리더의 그것을 능가한다면 지나친 억측일까? 열정의 크기를 가늠하는 두 가지 방법이 있다. 첫째, 누가 먼저 차지하겠다고 덤비는가 보는 것이다. 용기 있는 자가 미인을 차지한다는 말이 여기에 해당한다. 더 간절히 원하는 자에게 마음을 내어 주겠다는 건 십분 이해가 된다. 두 번째는 정반대로, 누가 더 '차마 덤비지 못하는지 보는 것'이다. 달리 말하면, 누가 더 상처를 두려워하는가의 문제다. 남녀 사이에도 너무 소중하면, 절친 사이마저 깨질까 두려워서 차마 고백하지 못한다. 쉽게 말해, 갖고 싶은 간절한 마음과 잃지 않으려는 간절한 마음 중에 어떤 마음이 더 애절할까. 다짜고짜 덤비는 열정을 앞세우지만 막상 차지한 후 느슨해지는 사람들이 참 많다. 반대로 차지하기까지 많이 망설였지만 자기 것이 된 후에는 행여 잃을세라 노심초사 온 정성을 기울이는 사람들이 또 있다. 마치 무슨 공식이라도 존재하는 듯 대체로 그렇게 엇갈린다. 어쩌면 차마 용기를 내지 못하는 사람이 속으로는 더 간절할 수 있다. 그렇기에 마음 안에 각성이 더 높이 쌓일 수도 있다. 용기 있게 덤비는 사람은 설렘도 강하고 행동도 빠르고 좌절도 크지만 잊는 것이 그리 어렵지 않다. 그러나 용기를 내지 못하는 사람의 애절함은 시간이 갈수록 더 깊어가고, 그럴수록 작은 일에도 마음이 크게 흔들리곤 한다. 화가 날 때 바로 쏘아붙이는 사람은 돌아서서 잘 잊는다. 그러나 분노에 떨면서도 차마 내뱉지 못하고 돌아선 사람은 분노가 잘 수그러들지 않는다. 이 예에서의 리더는 굵직하고 치명적인 비난도 시시때때로 받아넘기면서 단련해 가지만 참모는 작은 핀잔에도 자존심이 흔들리면서 신경이 곤두서곤 할 것이다. 차근차근 각성을 쌓아 올리는 건 돌아서서 잊지 못하는 긴장의 연속이다. 공황발작은 리더보다는 참모에게 더 가까이 다가가는 법이다.

수줍음이 지나쳐서 이런저런 핑계를 대면서 자리를 피하는 사람들도 마찬가지다. 설렘 가득한 표정으로 무대에 냉큼 뛰어올라 긴장하는 사람들은 결과가 어떠하든 다리 뻗고 잘 잔다. 반면, 무대에 차마 오르지 못하고 주저하다가 다른 이의 무대를 선망의 눈으로 바라보는 사람은 밤새 잊지 못한다. 그리고 감정이 복잡하게 엉킨다. 들킨 것도 없는데 혼자서 굴욕을 느낀다. 누가 묻지도 않았는데 괜히 변명이라도 하고 싶은 마음이다. 열정 또한 달랠 길 없어서 모두 떠나고 난 텅 빈 무대 주위를 하릴없이 맴돌기도 한다. 슬프고 착잡할 것이다.

슬픔도 습관이 되면 긴장이 누적된다

긴장하면 안절부절못하고, 슬프면 차분하게 착 가라앉는다. 그러나 슬플 때 마음속이 차분한 건 아니며, 따라서 각성 수준이 내려가는 것이 아니다. 슬퍼지면 행동은 가라앉지만 생각이나 감정은 요동친다. 눈물을 삼킬 때마다 각성이 올라간다. 슬픔도 에너지이므로 발산이 필요하다. 눈물로 덜어내건 누군가의 공감과 이해로 희석시키건, 그도 아니면 유쾌하고 밝은 웃음으로 상쇄시키기라도 해야 한다. 가장 좋은 건 자기 스스로 무엇이 왜 슬픈지를 정확히 알고, 자신을 아껴 주는 사람에게 솔직한 감정을 보여 주고, 펑펑 울어버리면서 덜어내는 것이다. 슬픈데 아무것도 하지 않으면 마음 안에 가두어진 에너지 덩어리가 서서히 긴장으로 변해 가면서 팽팽해진다.

가족에게 지지를 받아 보지 못한 사람들을 예로 들어 보자. 이런 사람이 의외로 많다. 심지어 가족 내 어느 누구와도 소통하지 못하는 불행한 사람도 간혹 있다. 힘든 마음을 내비치면 알아주기는 고사하고 다들 힘든 마당에 혼자만 나약하다거나 또는 남 생각 안 하고 불평이나 하는 이기적인 짓이라는 핀잔이 날아든다. 가족 내 애정 결핍은 세상 모든 슬픔의 온상이다. 그렇게 기죽으면 어딜 가서 누굴 만나도 자기 마음을 온전하게 드러내기 어려워진다. 진심이 담긴 말일수록 더 주저하는 습관이 생기기도 한다. 이타적이고, 매너를 갖추고, 밝은 기분일 때만 쓸모가 있는 사람이라는 생각이 든다. 누구도 자신의 진심을 궁금해하지 않는다는 생각이 들면서 종종 슬퍼지지만, 슬픔을 어찌 통풍하는지 배운

적이 없다. 슬픔도 익숙해지면 잘 자각되지 않는다. 슬퍼지려 하면
할 일을 찾거나, 누군가를 만나거나, 이도 저도 없으면 자기 계발
에 힘썼다. 그 덕에 할 일도 많고, 주변에 사람도 많고, 자아 찾기
나 자기 계발도 게을리하지 않았으니, 돌아보면 나름 잘 살고 있
는 것 같다. 그런데 문득 또 슬퍼지는 이유를 모르겠다. 슬픔이 만
성화되면서 각성이 점차 쌓여간다. 어느 날 아침 눈뜰 때, 오늘 하
루가 왠지 무겁게 느껴지는 순간 느닷없이 공황발작이 점화될 수
도 있다. 언제 어디서부터 어쩌다가 이런 상태까지 오게 되었는지
도무지 이해할 수가 없게 된다. 고생하고 노력한 끝에 찾아오는
게 공황발작이라면 그보다 더한 슬픔도 없겠다.

만성화된 우울 및 불안장애는
공황발작으로 나 있는 잘 닦인 도로와 같다

우울 및 불안장애가 있는 사람의 경우, 또는 장애로 진단될 정도
가 아니어도 그에 버금가게 예민한 사람의 경우, 어느 날 갑자기
공황발작이 찾아올 가능성이 매우 높다. 케슬러 등이 2006년에
실시한 연구 조사 결과를 보면, 살면서 공황장애 진단을 받은 적
이 있는 사람 중에 50%가 우울 계통의 장애를, 그리고 66%가 불
안 계통의 장애를 겪었거나 겪고 있는 것으로 조사되었다. 좀 더
구체적으로는 21.3%가 일반화된 불안장애, 34.3%가 특정 공포증,
31.3%가 사회불안장애, 8.2%가 강박장애, 34.7%가 주요우울장애,

9.6%가 지속성 우울장애를 진단받은 적이 있었다. 결론은 간단하다. 우울 및 불안에 취약한 기질을 가진, 즉 감수성이 높은 사람은 공황장애를 겪을 가능성이 매우 높다.

이들은 기질적으로 늘 생각이 무성하고 감정의 여운이 길다. 자신이 가장 두려워하는 건 차마 부딪히지 못하고 주저하면서 애절하게 갈망하는 습성이 있다. 갈망하지 않으면 애초에 슬프거나 긴장할 일도 없을 텐데 욕구를 부정하면서 회피하는 동안 갈망은 더 깊어만 가는 게 뻔한 이치다. 사회불안이 높은 사람은 미팅이나 발표 또는 낯선 사람과 어울리는 자리를 되도록 피하지만, 마음이 늘 불편하고 '대체 내가 왜 이러는지'에 대한 생각이 머리에서 잘 떠나지 않는다. 일반화된 불안장애가 있는 사람은 어떻게든 실수를 예방하려고 온갖 주의를 다 기울이고, 돌발 변수를 피하기 위해서 늘 완벽한 계획을 짜려고 애쓸 것이다. 그리고 돌아서서 작은 실수의 여지라도 정말 없었는지 필름을 반복해서 돌려보면서 점검하고 또 확인한다. 존재감이 미약한 듯해서 늘 외롭고 우울한 사람은 가까운 이에게도 진짜 속마음을 터놓지 못하고 눈치만 살피고 있을지도 모른다. 이래저래 각성이 차곡차곡 쌓이기 좋은 조건을 많이 갖추고 있다. 긴장이나 슬픔이 습관이 된 지 오래되었다면 각성이 꽤 높은 수준까지 이미 차올라 있을 터다. 의식에서 외면하고 회피해도 무의식중에 긴장하거나 좌절하면서 신경을 곤두세운 채 지낸다. 일상의 자잘한 스트레스들만으로도 각성이 충분히 높이 쌓여간다.

공황장애는 극복하기 가장 쉬운 심리장애다

이들의 공황장애 치료는 대체로 수월하다. 공황장애가 발생하기까지의 심리적 과정을 빠른 시간에 정확하게 이해할 수 있는 능력이 있기 때문이다. 감수성이 높고, 생각이 무성하고 감정의 여운이 길어서 각성이 쌓여 온 게 근본 원인이다. 그런데 병 주는 감수성이 약도 준다. 감수성이 높기에 자신의 물밑 감정을 잘 파악하고, 생각이 치밀하기 때문에 각성을 쌓아 온 무의식 속의 심리 과정을 빨리 이해한다. 아마도 이들은 이 책의 처음 서너 장을 읽는 동안이미 무릎을 탁 쳤을 것이다. '아… 그런 거였어? 그랬구나. 맞네.이건 내 이야기야.' 여기까지 읽으면서 어느 정도 이미 자가 진단이 되어서 '그래서 그랬구나. 안전행동, 회피행동, 무의식 속의 불길한 자동화된 사고… 맞아, 내가 그래.' 하고 고개를 여러 차례 끄덕였을 것이다. 공황장애가 점화되기까지의 복잡한 심리 과정을훤히 이해하는 게 공황장애 치유의 핵심이다. 이들은 자신의 심리를 가장 잘 들여다보고 통찰할 줄 안다. 우울이나 불안장애와 거리가 먼, 소위 자존감 높고 마음이 느긋한 사람보다 더 능숙하다.간단한 이치다. 마음 아파 보지 않은 사람은 아픈 사람의 마음에대해 큰 관심이 없고, 따라서 이해와 통찰이 깊어질 수 없다. 이해와 통찰에 대한 간절함, 그래서 시도 때도 없이 절실하게 습관적으로 마음에 대해 탐구하는 사람은 공황장애를 잘 이해하고 쉽게 빠져나온다.

그런데 예외적으로 감수성이 좋지만 공황장애 치료가 까다로운 사람들이 있다. 건강염려증이 있는 사람은 공황장애가 겹치면 공황장애의 치료 기간이 길어질뿐더러 치료 과정 자체가 비포장도로를 지나가듯 덜컹덜컹한다.

공황장애로부터 빠져나오는 길목마다 놓인 덫, 건강염려증

건강염려증은 자신에게 심각한 질병이 생길 거라는 불안을 쉽게 떨치지 못하고 시시때때로 시달리는 심리장애를 말한다. 실제 신체적인 증상은 대체로 없고, 혹 있다 해도 아주 경미한 수준의 불편함이 있을 뿐인데도, 늘 불안해서 낱낱이 체크하면서 예방에 전력을 기울인다. 눈에 띄는 특징이 두 갈래의 유형으로 나타난다. 첫 번째 유형은 조금만 이상하면 자료를 뒤지고 즉시 의사를 만나 검사한다. 이상이 없다 해도, 혹시 모르니까 다른 의사를 여럿 또 찾아가 다시 검사한다면 다소 심각한 수준이다. 두 번째 유형은 아예 의사를 보러 가지 않는 사람들이다. 누가 봐도 심각해 보이는 지경에 이르러도, 가족이 제발 의사를 만나 보라고 애원을 해도 이런저런 핑계를 대면서 회피한다. 의사의 입에서 진단명이 튀어나올까 봐 두려워서 못 가는 것이다. 안 보면 잊힌다는 걸 믿어 보는 거다. 애써 부정하면서 건강을 제외한 다른 모든 일에 전력으로 매달린다. 잊으려고. 두 가지 유형 모두 긴장이 높은데, 회피형의 사람들이 유독 자신의 높은 각성 상태에 대해 잘 모르거나 모른 척을 잘한다. 늘 외면하고 부정하는 게 습관이니 그럴 수밖에 없다.

공황장애에 대해 심리치료를 하다 보면, 건강염려증이 있는 사람의 경우에는 치료 기간이 좀 더 길고 치료 과정이 순탄치 않은 경우가 흔하다. 미로 속에서 길을 찾다가, 이제 출구가 보인다 싶어서 가속 페달을 밟으면 어김없이 또 덫에 걸린 듯 브레이크가 걸린다. 한마디로 의학적인 질병이 아니라는 걸 바로 이해하고 받아들였다가 다음날 다시 의심한다. 세상일은 우리가 알고 있는 지식과 논리만으로 모두 설명이 되지 않는다. 의학도 예외가 아니어서, 밝혀진 것보다 밝혀지지 않은 게 훨씬 많다. 훨씬 정도가 아니라 조금 알고 대부분 모르는 상태다. 남들은 잘 생각하지 않는 이런 사실을 이들은 정확하게 인지하고 있다. 이들이 이런 논리를 들고나오면 참 난감해진다. 사실이니까! 심리상담사가 '아니 그건 그렇지만… 제 말은 그러니까' 등의 생각에 빠져서 같이 맴돌면 심리치료가 교착 상태에 빠진다. 상담사는 이들이 보고 있지 않은 것들로 자신의 주의를 집중하고, 이들의 주의를 그쪽으로 돌려야만 치료가 진행된다. 기간을 길게 잡고 느긋하게 진행하는 태도가 필요하며 절대 서두르지 않아야 한다. 이들은 워낙 꼼꼼하고 돌다리도 여러 번 두드려서 확인하고 가는 습성이 있기에,

기초부터 차근차근 다져나가는 식으로 작업해야 잘 따라온다. 그리고, 정말 서두르지 않아도 된다. 기간이 조금 길어질 수는 있지만 이들은 늘 진지하고, 뭐든 시작하면 성실하게 열심히 하는 편이며, 논리적으로 말이 되는 건 결국 잘 받아들인다. 다만 '모든 가능성을 다 점검하면서 충분히 검증이 되고, 체험을 반복해서 확실하게 몸으로 확인하기 전까지는 함부로 받아들이지 않겠다'는 태도가 단단할 뿐이다. 모든 걸 다 가져도 건강을 잃으면 모든 걸 다 잃는 거니까, 건강에 대해서라면 수백 번을 점검해도 결코 과하지 않다는 신념이 있어서 건강에 대한 낯선 시각과 새로운 개념을 빨리 받아들이지 않는 것뿐이다. 하지만 공황발작에 대한 완전한 이해가 궁극적으로는 자신의 정신건강, 신체의 컨디션, 나아가서 삶의 질에까지 이로운 영향을 준다는 걸 확인하고 나면 받아들이지 않을 이유가 없다. 이들의 공황장애가 잘 치유되지 않는다는 말이 결코 아니다. 다만, 조금 천천히 길게 진행해야 할 뿐이다.

성격장애를 겪는 사람은 공황장애의 치유가 느릴 수도 있고, 재발이 빈번할 수도 있다

공황장애의 치유가 쉽지 않은 또 하나의 예외가 있다. 감수성이 조금 높은 정도가 아니라 보통 사람들이 상상하기 어려울 정도로 높아서 감정 기복이 너무 현란하고 감정 조절 능력이 눈에 띄게 부족한 사람들의 경우다. 심리장애의 진단명으로 이야기하자면 각종 성격장애를 가진 사람들의 경우다. (2부에서 성격장애에 대해 좀 더 자세히 다루었다.) 그중에서도 특히, 경계선 성격장애를 가진 사람은 공황장애가 치유되기까지 꽤 오랜 시간이 필요할 수도 있다. 이들은 예민함이 일반적인 범위를 넘어서고 감정의 파고가 지나치게 높으며 감정 기복도 걷잡을 수 없을 정도로 심하다. 심한 정도가 우울 및 불안장애를 가진 사람과는 비교 자체가 무의미할 정도로 확연한 차이를 보인다. 감정의 파고가 큰 폭으로 오르락내리락하는 기질을 늘 갖고 산다면 공황발작이 빈번할 수밖에 없다. 이렇게 빠르게 돌아가는 세상을 살면서 스트레스를 완벽하게 차단할 수는 없는 노릇이니까. 게다가 전혀 자극을 받지 않고 가볍게 지나칠 만한 일에서도 크게 자극을 받기도 한다. 그럴 때 잔잔하던 각성이 공황발작의 수준까지 급격히 치솟을 수 있는 민감성을 갖고 있다. 따라서 공황장애에 대해 철저히 배우고 이해하고 극복을 했어도 경계선 성격장애가 치유되지 않았다면 공황장애의 재발이 흔할 수밖에 없다. 다만 공황장애에 대해서 잘 배워서 정확하게 이해하고 있다면 재발이 되어도 '그래, 그럴 수 있어.'라고 생각하면서 덤덤하게 받아들일 수는 있게 된다.

공황장애에 대한 인지행동치료가 이상하리만큼 안 먹힌다고 느낀다면, 십중팔구 성격장애 또는 그에 맞먹는 정도의 특별한 민감성을 갖고 있다고 봐도 무방하다. 이들의 치료는 긴 호흡을 가지고 차근차근 풀어가야 한다. 무엇보다 정서조절 능력을 키우는 것이 치료의 핵심이다. 감정을 이해하고 감정의 습관을 바꾸는 연습을 함으로써 자신의 감정의 파고를 낮은 폭으로 잔잔하게 유지할 수 있게 되는 만큼 공황장애를 극복할 토대가 마련된다. 치료의 초기 단계에서, 공황장애가 발달하기까지의 심리 과정에 대해 아무리 이해를 도와도 이들의 반응은 냉담할 수 있다. '그래, 알겠는데 그래서 뭐? 그래도 또 오는데?' 그런 마음이 표정에 드러난다. 공황장애 치유가 어렵지 않다는 말은 이들에게는 해당되지 않는다. 이들에게 공황장애를 이해시키기 전에 치료자가 먼저 이들의 민감성과 감정 조절의 어려움을 이해해야 한다. 치료자가 그걸 모르면 이들에게 상처를 줄 수밖에 없다. 무엇보다 가장 중요한 것은, 이들 스스로가 자신의 감수성과 감정 조절의 어려움을 이해하고 납득하는 것이다. 이들은 스스로 그걸 알 듯하지만 사실은 잘 모르고 있다. 그래서 '남들은 이럴 때 아무렇지 않은데 난 왜 이럴까. 난 뭐가 문제일까. 이럴 때는 이렇게 받아들이고 저렇게 행동해야 하는데, 난 왜 그걸 못할까. 왜 이렇게 의지가 박약할까.' 라고 자책을 한다. 자신의 심리적 특징을 잘 이해하지 못해서 의지박약이나 나쁜 습관 때문이라고 생각하는 것이다. 그러나 자책할 일이 아니다. 자신의 감정적인 취약성을 이해하고 받아들이는 게 치유 과정에 있어서 '진정 의미 있는 커다란 첫걸음'이 된다.

공황발작의 문턱을 넘다

공황발작은 이유 없이 오는 게 아니라,

이유를 모르는 채 올 뿐이다

공황발작은 어느 날 느닷없이 오는 게 아니라 분명한 이유가 데리고 온다. 자신이 눈치채지 못하고 이해하지 못할 뿐이다. 어린 시절과 무의식을 탐색하고 이유를 찾아내면 비로소 이해가 된다. 심지어 이견의 여지없이 너무 분명해서 스스로가 더 놀란다.

긴장을 부추기는 특정 상황 → 그 상황에서 스쳐 지나간 불길한 생각 → 그에 따른 감정의 급변 → 각성의 상승 → 역치 수준을 넘기면서 점화 → 신체 증상의 폭발 → 혼비백산

이렇게 이어지는 과정은 마치 치밀하게 고안된 생산공정을

한 치의 오차도 없이 따라가듯 매우 논리적이고 과학적이다. 이렇게 플로 차트Flow Chart처럼 순차적으로 펼쳐지는 무의식의 생각과 감정의 흐름을 완전하게 인지하고 이해하면 각성 상승의 원인이 잡히면서 신체 반응이 너무나도 자연스럽게 받아들여지기 때문에 치유가 된다. 공황발작이 이유 없이 날 덮치는 화마처럼 느껴지지 않으면 더 이상 문제가 되지 않는다. 공황발작을 처음 겪는 때와 장소는 사람마다 천차만별이다. 비행기 안, 운전 중, 회의 중, 번잡한 식당에서, 아침에 눈뜰 때, 밤에 잠들기 전에, 한밤중에 자다가 깰 때, 시험공부하다가 잠시 쉴 때, 낯선 여행지에서, 버스나 지하철 안에서, 에스컬레이터를 타고 있을 때 등등 이루 헤아릴 수 없이 많다. 여기서는 그중 하나의 예를 들어서 자세하게 설명하겠다. 여기서 못다 한 이야기들은 2부에서 다양한 예를 통해 좀 더 체계적으로 다룰 것이다.

오랜만에 시부모님이 방문하셨고, 머무시는 며칠 동안 온갖 신경이 곤두섰다. 막상 오시면 내가 얼마나 극진하게 잘 모실지 나는 알고 있었다. 잘 알면서도 오시기 전부터 남편과 갈등이 잦았다. 어떻게든 피해 보려고, 하필 이런 상황에 굳이 오셔야 하느냐며 이런저런 핑계를 대곤 했다. 살면서 누구의 심기도 함부로 건드리지 못하는 소심한 내가 용감하게 남편의 심기를 건드렸다. 말도 안되는 말이라는 걸 잘 알면서 자꾸 억지를 부리는 내가 낯설었다. 시부모님은 좋은 분들이고, 내가 잘할 것도 알고, 결국 남편이 내게 고마워하는 해피엔딩으로 마무리될 걸 너무 잘 아는데 두려워하는 내가 이상하다. 이런 나를 나도 잘 모르겠다.

계시는 내내 행여 내가 불편할세라 당신들께서 얼마나 말 없이 배려하시는 줄 잘 안다. 남편도 눈치껏 내 동태를 살피고 비위를 맞춘다. '그러시면 제가 더 죄송스럽고 긴장된다, 하던 대로 하시라' 말할 용기도 나지 않는다. 사실 모든 게 순조롭다. 티끌 하나 없이 지나치게 매끄럽다. 모두가 조심스레 날 배려하고 속으로는 행복해하고 있는 걸 안다. 긴장은 나만 하고 있다. 평소에는 훌쩍 넘어가던 시간이 지금은 분 초 단위로 또박또박 지나간다. 어느 날, 근사한 레스토랑에서 안 그래도 밥이 코로 들어가고 있는데, 주위가 시끄럽다. 일순간 공기가 탁하고 덥게 느껴진다. 조금 전부터 가슴이 답답하다가 이제는 머리가 멍하고 몸에 기운이 빠지면서 심장이 두근거리기 시작한다. 금세 호흡이 뻑뻑해지고 몸에 열기가 올라온다. 내 표정이 괜찮은지 모르겠다. 웃어도 웃는 것 같지 않다. 어설프게 웃다가 어정쩡한 표정이라도 지으면 오해를 살까 두렵다. 나가서 찬 바람을 쐬고 식은땀을 가라앉히고 싶은데 그것도 여의치 않다. 사람들이 왠지 다 나를 주시하고 있는 듯하다. 이러다가 질식하는 거 아닐까? 아니지, 숨은 잘 쉬고 있는 것 같은데 웬 질식이야. 그럼 뭐지? 과로로 갑자기 쓰러지기도 한다던데 혹시 내가 그 지점에 가까이 와 있는 건 아닌가? 응급실에 가겠다고 유난을 떨어야 하나? 일단 말없이 휙 나갈까? 뭐라고 말하지? 아, 속이 메슥거리기 시작한다. 이러다가 구역질하는 거 아닐까. 여기서 도망치고 싶다. 안 나가고 버티다가 나도 모르게 소리라도 지르는 거 아닌가 모르겠다.

　때와 장소는 저마다 다르겠지만, 첫 번째 공황발작은 이처럼 아무런 나쁜 일도 일어나지 않은 '사실은 모든 게 순조로운' 순간에 오기도 한다. 이렇게 되면 자신을 오해하는 수밖에 없다. 내가 시부모님을 그렇게까지 싫어하나. 좋은 분들이고, 고마운 남편을 위해 이 정도 하는 건 하등 억울할 것도 없고, 지금 좋은 사람들끼리 즐거운 시간을 보내고 있다고 믿었는데 내 몸이 이렇게 반응을 하네. 이 사람들과의 시간이 내게 이 정도로 극심한 스트레스인가? 살면서 이 정도로 내 몸이 반응한 적이 없었다. 사실 '시'자가 들어가면 시금치도 싫다던데, 내가 날 속이면서 괜찮은 척을 했나? 이제부터라도 나를 찾고 표현해야 하나? 시댁은 그저 멀수록 좋다는 말이 괜히 나온 게 아니구나. 그리고 오늘 새로 발견한 한 가지 사실은 내가 그리 좋은 사람은 아니라는 것, 나도 그저 평범한 며느리라는 것이다. 난 왜 그리도 좋은 사람인 척을 하면서 살았지? 이런 게 착한 사람 증후군이라는 거구나. 난 나쁜 사람이구나.

　이 사람의 어린 시절을 들여다보자. 엄마에게 가장 자주 들은 말이 '너란 아이는 대체…'였다고 상상해 보자. 혼자서 돈 벌어 애들 키우느라 생활고에 시달리면서 늘 바쁘고, 억척스럽게 살면서 체면과 품위는 잘 안 챙기는, 아이들 밥은 꼬박꼬박 챙기지만 하찮은 일로 귀찮게 하면 면박을 주는 엄마를 머릿속에 그려 보시기 바란다. 다소 낯을 가리고 소심한 어린아이는 서럽거나 두려워도 속으로 삭혀야 했다. 엄마를 귀찮게 하면 '자기밖에 모르는 나쁜 아이'라는 메시지가 날아와 꽂히곤 하니까. 동네에서나 학교에서도 늘 주눅이 들어 있었다. 허름한 우리 집에 친구들을 데려오는 걸 꺼렸고, 밖에서 도통 체면을 안 차리는 엄마가 야속하기도 했다. 곱고 귀한 다른 아이들에 비하면 자신은 어딘가 모르게 늘 초라했다. 누군가가 장난으로 놀리기라도 하면 심장이 멎을 듯한 굴욕을 느끼곤 했다. 살면서 스스로 배우고 다진 건 못나 보이지 말아야 하고, 흠 잡히지 말아야 하고, 나 좋자고 남에게 민폐를 끼치지 말아야 한다는 것이었다. 누구에게나 친절하게, 어디서나 우아하게, 어떤 경우에도 나보다는 남을 먼저 생각하는 게 몸에 배었다.

이 사람이 심리상담을 통해 배우는 건 이렇다. 어린 시절의 경험으로 무의식 깊이 새겨진 자화상은 '초라하고 못된 아이'였다. 그래서 자신만의 불문율이 자라났고 마음에 단단하게 박혔다. '우아하게, 흠 잡히지 말고, 실수하지 말고, 민폐 끼치지 말고, 자신의 입장을 함부로 앞세우지 말아야 한다.' 그 덕에 사는 내내 모든 게 순조로웠다. 부단히 애쓰느라 때로는 긴장도 하고 외롭기도 했고 화가 나기도 했지만 대체로 원만하고 사랑받고 인정받는 순탄한 삶이었다. 그런데 자신도 모르게 각성이 차곡차곡 쌓여 온 줄은 몰랐다. 그런데 말이 된다. 그렇게 자신을 죽이고 긴장 속에 많은 이를 배려하고 매 순간을 경계하면서 사는데, 각성이 쌓이는 게 이제야 비로소 당연하게 느껴진다. 그러다가 위기 아닌 위기가 왔다. 시부모님께는 아무리 잘해도 본전이다. 서로 좋은 사람들끼리의 짧은 만남이고 결국 해피엔딩이겠지만, 그래도 각성이 최고조에 달하는 긴장 상태인 것은 분명하다. 행여 없이 자란 티가 나지는 않을까, 며느리를 너무 배려하고 살피는 아들을 보면서 며느리가 기가 세다고 생각하시지는 않을까, 자라 온 배경이 다르니 서로 기호가 다를 텐데 아무리 잘 준비해도 음식이 입맛에 맞지 않으시면 어쩌나 등등 걱정이 꼬리에 꼬리를 문다. 솔직히 왜 이렇게까지 긴장하는지 스스로도 잘 납득이 되지 않는다. 그런데 여지껏 어느 누구에게도 나쁜 인상을 준 적이 없고 흠 잡힐 일이 없던 내가, 대인관계에서는 실패를 모르던 내가 시부모님은 왠지 예외일 것 같아 못 견디게 두렵다. 아주 작은 실망의 눈빛만 스쳐도 무너질 것만 같다. 긴장하다가 불편해지면 나답지 않은 모습이 튀어나올까 봐 두렵기도 하다. 그렇게 각성이 상승하다가 어느 날 식당에서 역치 수준을 넘었다. 공황발작이 점화된 후로는 걷잡을 수 없는 속도로 심리가 불안정해지면서 혼란에 빠졌다. 그냥 그랬던 것뿐이다. 신체가 그리 반응하는 건 지당했다. 그걸 몰랐던 것뿐이다. 공황발작으로 진행하기까지 긴 세월 동안의 과정, 공황발작이 점화되기 직전의 긴장감과 각성의 상승, 공황발작이 점화된 후 10분 동안의 신체의 증상들에 대해서 스스로 인지하지 못하고 있었다. 아무 문제가 없었지만, 이런 내막을 몰랐던 것이 유일한 문제였다.

자신의 심리에 대해 이처럼 무지한 상태에서 공황발작이 휩쓸고 지나가면, 그 후 더욱 혼란에 빠진다. '그는 나를 택할 때 주저하지 않았고, 자기 인생 최고의 선물이라는 말까지 했다. 그렇겠지, 요즘 세상에 나처럼 착하고 헌신적인 여자 만나기 쉽지 않을 거야. 그런데 그가 뒤통수를 맞았다. 며느리 눈치 보시느라 말도 아끼시는 선한 부모님이 오랜만에 오신다는데, 말도 안 되는 억지를 부려 가면서 피하려는 나에게 얼마나 실망했을까. 이럴 줄 몰랐겠지. 그런데 반전 드라마처럼 막상 돌변해서 이렇게 잘하니까 입이 안 다물어지게 행복했겠지. 이제부터 꽃길만 걸을 줄 알았겠지. 그러다가 또 충격을 받았겠지. 내가 식당에서 웃고 밥 먹다가 발작을 했으니까. 이런 비극적인 반전이 또 어디 있나. 남편은 나를 서둘러 응급실에 데려갔고, 화들짝 놀란 시부모님은 발만 동동 구르다 눈치껏 댁으로 돌아가셨다. 남편은 부모님에게 무슨 말씀을 드려야 할지 알 수가 없을 것이다. 우리가 일단 살아야겠으니 되도록 오지 마시라? 자기 아내는 아픈 몸을 웅크리고 한숨만 까맣게 내뻗고 있는데, 어찌해야 할지 모르겠지. 난감할 거야. 어찌해야 할지는 나 자신도 모르는 걸 어쩌나.'

사실 그렇게 고민하지 않아도 된다. 당신은 좋은 사람이다. 어린 시절부터 무의식 깊이 '나는 초라하고 못된 아이'라는 생각이 박혀 있어서 문제일 뿐이다. 어린 시절과 무의식을 깊이 이해하고 나면 그렇게까지 긴장 속에 애쓰지 않아도 되고, 자연스럽게 실수를 해도 되고, 때로 흠이 좀 잡혀도 웃음으로 털어버리면 사이가 더 좋아지기도 한다는 걸 배울 수 있다. 그러면서 가득 차오른 각성을 빼내고, 차후에는 더 이상 각성이 다시 쌓이는 일이 없도록 느긋하게 살아야 한다. 공황발작이 왔던 건 어쩌면 잠시 멈추어 서서 각성이 너무 높아진 채로 살고 있는 것은 아닌지, 자기 자신을 좀 더 돌볼 필요가 있는 건 아닌지, 계속 이대로 살아가면 나중에 후회하지 않을지 점검해 보라고 스스로에게 기회를 주는 셈이다.

24시간의 공포와 10분의 공황

공황발작은 가랑비에 옷 젖듯 오랜 준비기간을 지나 서서히 다가왔다. 가장 큰 문제는 그렇게 각성이 높아진 상태로 살고 있는 줄 모르고 스트레스와 긴장에 익숙해져서 어느 날 찾아온 공황발작이 너무도 느닷없다고 느낀다는 점이다. 설명할 길이 없는 신체의 변화에 깜짝 놀라고 두려워져서 초조하게 이유를 찾는다. 이유가 뭔지도 모른 채 당하는 것보다 고통스러운 것도 없기에, 안절부절 못하면서 본능적으로 이유를 더듬어 찾는다. '별일 없는 상황 → 공황발작 증상 → 엉뚱한 해석 → 안전행동 및 회피행동 → 더 커지는 불안 → 더 많아지는 불길한 생각 → 더 빈번해지는 증상 → 점점 늘어나는 회피 → 정상적인 생활이 차차 잠식당하는' 식으로 흘러간다. 자신도 모르게 무의식중에 일어나는 흐름이다. 이 장에서는 하나의 예를 가지고 어떻게 악순환에 빠져드는지 살펴보았다.

악순환의 늪에 빠져드는 다양한 예들과, 악순환의 고리를 끊고 공황발작에 대한 두려움을 이겨내는 과정은 3부에서 자세하게 다루었다.

두려움이 두려움을 낳고 회피가 회피를 낳는다

평소에 가깝게 지내던 지인들과 기분 좋은 식사를 마친 후 분위기 좋은 카페를 찾아서 차로 이동하던 중 처음으로 공황발작을 경험하는 상황을 예로 들어 보겠다.

느닷없이 증상이 시작된다: 몸이 더워지면서 식은땀이 나는 듯하다. 신경이 곤두서기 시작한다. 곧 심장이 사정없이 쿵쾅거리기 시작하고, 식은땀이 송골송골 맺힌다. 이내 호흡이 짧아지고, 어지럽고, 몸에 열이 본격적으로 오르고, 시야가 흐려지면서 주위와 내가 분리되는 듯 붕 뜬 느낌이 든다.

엉뚱한 해석이 절로 일어난다: 뭔가 큰일이 일어나고 있는 것 같다. 질식하는 거 아닐까. 차 안의 공기가 눅눅하다. 환기가 전혀 안 되고 있다. 시야가 흐려지고 정신이 아득해지는 느낌이다. 이러다가 기절할지도 모른다. 빨리 안전한 곳에 차를 세우지 않으면 큰 사고를 낼 것만 같다. 그런데 지인들을 충격에 빠뜨려서는 안된다. 얼마나 놀랄까. 모두가 혼비백산하면 내가 정신을 더 못차릴 것 같다. 아무 말 안 하고 아무렇지 않은 척을 해야 할 것 같은데, 그래도 될지 모르겠다. 위급한 상황임을 알리는 게 도리가 아닐까. 그런데, 알린다고 달라지나? 어차피 차를 안전한 곳에 세우기 전에는 자리를 바꿀 수도 없는 노릇이다. 어떻게든 안전한 곳까지 무탈하게 이동한 후에 위급 상황을 알리고 도움을 청해야 한다. 곧 정신을 잃을 것만 같은데, 내게 주어진 시간이 과연 몇 분일까.

이렇게 써 놓은 걸 읽고 있는 독자는 금방 알 수 있다. 이 사람의 정신과 두뇌가 얼마나 기민하고 정상적으로 가동하고 있는지. 이 사람 자신도 자기가 두서없이 한 말을 누군가가 받아적어 보여 주면 '아, 그렇네… 멀쩡하네…' 이내 눈치챌 수 있을 것이다. 자신의 생각과 행동을 온전하게 제어하고 있지 않은가. 하지만 이 사람은 정신이나 신체에 큰 탈이 날지도 모른다고 믿고 있다. 그럴 수도 있고 아닐 수도 있겠으나, 그럴 수 있는 가능성이 조금이라도 있다면 정말 벌어질 일인 것처럼 가정하고 사력을 다해 막기 위해 애쓰는 게 본능이다. 그래서…

안전행동에 몰두한다: 거의 불수의적인 반사 반응과도 같다. 일단, 히터를 끈다. 창문을 다 열어서 찬 바람이 통하게 하면 좋겠지만 동승한 사람들은 왜 그러냐고 아우성일 것이다. 그러면서 내게 관심이 집중되고 내 표정에 주목하게 되면 난처해진다.

아무 말 없이 속도를 조금 줄이고 차를 세울 수 있는 곳까지 신중하게 이동한다. 차를 세우고 내려서 안전하게 쉴 곳을 찾는다. 심호흡을 해서 몸 안의 탁한 공기를 빼내고 신선한 공기로 다시 채운다. 차가운 물을 마신다. 몸이 좀 식는 것 같다. 진정이 된 후에, 별일 아니라고 사람들을 안심시킨다. 여전히 심각한 표정들이고 병원에 가 봐야 하는 것 아니냐며 걱정들이 많다. 정말 괜찮다고 또박또박 말하면서 애써 웃어 보인다. 여전히 어리둥절한 표정들이지만 겉으로는 그러려니 하는 것 같다.

엉뚱한 해석이 또 일어난다: 히터를 _끄고_ 찬 바람을 쐬어도 식은땀이 바로 식지 않고 몸의 열기도 빨리 사라지지 않는다. 뭔가 탈이 난 게 틀림없다. 점점 더 어지럽고 쓰러질 것만 같다. 차를 세우고 누워서 심호흡을 한 후에야 비로소 가라앉았다. (기억하시라. 대략 10분이 지났기에 자연히 가라앉은 것이다!) 찬물을 마신 것도 확실히 몸을 식히고 마음을 가라앉히는 데 한몫을 했다. 역시 갇힌 곳의 뜨겁고 탁한 공기가 내 몸을 뒤집어 놓은 것 같다. 대체 몸 상태가 어떻기에 그만한 자극을 견디지 못하고 무너져 내리는 걸까. 면역체계가 망가지기라도 한 걸까? (어느 날 자기 몸이 내 몸 같지 않을 때, 자기 마음 안에 오랜 기간에 걸쳐 각성이 쌓여왔다는 사실과 어느 날 각성 수준이 역치 수준을 넘치면 공황발작이 점화된다는 것을 모르면, 누구나 이렇게 생각할 수밖에 없다!)

점잖고 친절한 사람들이었다. 분명 뭔가 이상함을 눈치 챘을 텐데 차를 세울 때까지 침착하게 말없이 기다려 줬다. 차에서 내려서 진정이 될 때까지 어느 누구도 호들갑을 떨지 않았다. 조용히 걱정하면서 차분하게 지켜봐 주었고, 그 덕에 나는 평정심을 빨리 찾을 수 있었다. 내 입으로 괜찮다고 말했지만 그리 괜찮아 보이지는 않았을 텐데 두 번 묻지 않고 넘어가 주었다. (정말 괜찮아 보여서 그런 것이다! 눈동자가 풀리면서 의식을 잃는 듯하면 구급차를 벌써 불렀을 것이다. 스스로 상황을 판단하고 대처하고 말도 잘하고 운전까지 똑바로 하는데 식은땀을 좀 흘린다고 누가 호들갑을 떨까.) 다행히 여기까지는 괜찮았다. 괜찮았겠지? 아닌가? 이미지를 구겼을까? 어쨌든 다음에 다시 이런 모습을 보이지는 말아야 한다. 한 번은 그렇다 쳐도 두 번은 정말 아니다.

회피하지 않을 수가 없다: 보여지는 이미지에 민감하면 당연히 조심성이 커지고 배포가 작아진다. 운전을 되도록 자제하고, 특히 고속도로나 긴 터널은 어떻게든 피한다. 차가 잘 막히는 체증 구간도 되도록 피해야 한다. 위급한 상황에서 빨리 빠져나와서 차를 세우지 못하면 큰일이 날 수도 있다. 겨울에도 히터는 되도록 틀지 않아야 한다. 창문을 열어 환기를 자주 시켜야 한다. 그러니 예를 갖추어야 하는 분들은 차로 모시지 않는다. 특히 가족과 절친한 친구를 제외한 어느 누구도 차에 태우고 운전하지 말아야 할 것 같다. 완전히 회복되기 전까지는, 적어도 당분간은 안되겠다.

점점 늘어나는 증상과 회피: 백화점의 지하주차장에서도 탈이 날 뻔했다. 차 바깥의 주위 공기가 탁하고 눅눅한 게 눈에 보이는 듯했다. 바깥 공기가 차 안으로 환기가 되어 들어와도 문제, 환기가 되지 않고 막혀 있어도 문제다. 빨리 주차하고 내려서 차갑고 신선한 공기를 마셔 주지 않으면 금세 탈이 날 것만 같다. 이리 돌고 저리 돌아도 주차 공간이 안 보인다. 무겁고 탁한 공기가 이제 곧 목 밑에까지 차오를 듯한 느낌이다.

작은 사무실에 사람이 빽빽하게 들어차 있는 것도 이젠 심기가 불편해진다. 창문을 열자고 하면 나더러 나가라고 할 게 뻔하다. 나도 무례하게 굴고 싶지는 않다. 하지만 일도 안 하고 조퇴를 할 수는 없다.

이렇게 되면, 시도 때도 없이 여기저기서 공황발작이 점화되기 시작한다. 불길한 생각이 불현듯 스쳐 가는 상황이 늘어나고 있기 때문이다. 피해 가는 상황이 늘어나는 만큼, 피하려는 마음이 절박한 만큼 각성은 더 자주 더 큰 폭으로 널뛰게 된다. 마음 놓고 설 자리가 점점 줄어든다. 삶이 위축되고 마음은 더욱 오그라든다.

견디면 지나가고, 지나가고 나면 열린다

가장 시급한 건, 공황장애가 뭔지에 대해서 배우는 것이다. 무엇보다 중요한 건, 오랜 기간에 걸쳐 각성이 누적되면서 상승해 온 자신의 마음을 돌아보고 납득하는 것이다. 각성이 쌓이고 쌓이다가 어느 날 역치 수준에 도달하면 공황발작 증상이 터져 나오는 것이 진화의 힘이고 자연의 섭리이며 신체의 순리라는 것을 한 톨의 의심도 없이 이해하고 받아들여야 한다. 완벽하게 이해하고 납득하면 공황장애의 치유는 이미 8부 능선을 넘은 것이나 다름없다.

납득하고 받아들이면 자연스럽게 '견디는 힘'이 생긴다. 견뎌 주면 금세 지나간다. 삶에는 견뎌야 하는 것들이 아주 많다. 우리는 삶의 일부 또는 순리의 과정으로 여기고 견딘다. 그런 것들에 비하면 공황발작은 견디기가 한결 더 쉽다. 고작 10분이니까. 게다가, 아무런 탈도 나지 않을 게 분명하니까. 그걸 견디지 못해서 벼룩 잡는다고 초가삼간을 다 태울 필요는 없다는 걸 이젠 잘 아니까. 견디고 나면 스르르 열린다. 받아들이고 견디기로 마음먹은 후 10분이 지나니까 정말 가라앉는 걸 느끼면 또 맞이하는 게 두렵지 않다. 공활발작을 겪는 게 억울하면 감정이 요동치겠지만, 그저 순리라고 받아들이면 기꺼이 맞이할 수 있다. 그러면 신기하게 다시 오지 않기도 한다. 이 순간, 감정의 순리를 몸으로 배운 셈이다.

바다에 밀물과 썰물이 있고 삶에도 오르막 내리막이 있듯, 감정 역시 언제나 들고 나기를 반복한다. 어떤 감정이건 들어오면 다 나가게 되어 있다. 자신과 자신의 삶을 새로운 시각에서 돌아보면서, 감정을 순리대로 순환시키는 법을 배우지 못했기에 늘 우울하거나 불안했다는 것을 알아차릴 준비가 되었다. 그렇게 공황장애의 극복은 감정과 삶의 순리에 대한 새로운 시각을 열어 주는 계기가 되곤 한다. 이 책을 다 읽으실 때 즈음 이 말이 마음에 깊이 와닿기를 바란다. 삶은 견디는 것이듯, 모든 심리장애에 대한 심리치료의 핵심도 마찬가지로 "견디면 열린다". 그리고 견디는 힘은 의지와 결심에서 오는 게 아니라 "완벽한 이해와 통찰에서 비롯된다".

2부

오랜 기간에 걸쳐
차오른
각성

공황장애는 어디에서 오는가

자기 심리를 파악하고 공황장애를 이해하면

별것 아님을 알게 된다

공황장애는 다부진 용기를 가지면 잘 맞설 수 있고, 견디는 힘을 가지면 잘 넘길 수 있다. 그보다 나은 방법은 자신의 몸과 마음을 완전하게 통찰함으로써 공황발작에 수긍하는 것이다. 그래서 공황발작이 별것 아님을 느끼는 것이 올바르고 완벽한 치유다. 공황발작에 관한 모든 것들—원인, 신체 증상, 마음의 고통, 안전행동 및 결과적인 흐름까지—이 당연하다는 걸 알고 수긍해야 한다. 그러면 피할 이유도 없고 몸에 힘이 들어갈 일도 없게 된다.

공황발작이 어느 날 느닷없이 아무에게나 찾아오는 게 아님을 아는 것이 공황장애에서 벗어나는 첫걸음이며 동시에 완치에 도달하는 지름길이다. 이제껏 살아오는 내내 자신의 마음 안에서 어떤 습관들이 자라났고, 그로 인해 어떤 힘겨운 감정들에 자주 시달려야 했으며, 그럼으로써 내면에 각성이 차곡차곡 쌓여왔다는 걸 알아차려야 한다. 그렇게 높아진 각성 상태로 오래 살다 보면, 특히 어릴 적부터 쭉 그래왔다면, 자신이 높은 각성에 젖은 채 살고 있음을 자각할 수 없다. 각성이 낮은 느긋한 상태로 오랜 시간을 지내 본 적이 없으니까.

그렇다면, 이제라도 알아줘야 한다. 잠시 멈추고 돌아보면서 그동안 평평한 꽃길을 걸은 게 아니었음을, 사실은 힘겹게 터벅터벅 산길을 오르고 있었음을 알아줘야 한다. 2부에서는 만성화된 높은 각성에 너무 익숙해진 채로 살고 있는 사람들에 대한 이야기를 상세하게 다루고자 한다.

공황장애는 공황장애만의 문제가 아니다

고열 때문에 병원에 갔는데 의사가 원인을 진단하지 않고 해열제만 처방하면 '이래도 되나' 의구심을 가질 것이다. 의학 지식이 부족하긴 하지만 여러 가지 다양한 원인으로 인해 고열 증상이 발생할 수 있다는 것 정도는 우리도 안다. 백과사전을 찾아보면 가장 흔한 원인은 감염이라고 되어 있다. 그 외에도 백혈병, 림프종, 염증, 알레르기 반응, 자가면역 질환 등에 의해서도 발열 증상이 나타날 수 있다고 한다. 고열은 하나의 질환이 아니라 여러 가지 질환으로 인해 나타날 수 있는 하나의 증상이다.

공황장애는 단순한 하나의 증상이 아니다. 공황장애는 독립된 하나의 심리장애로 간주된다. 그런데 다른 여러 가지 장애들 때문에 나타나는 '하나의 증상'으로 여겨야 하는 건 아닌지 고민이 될 때가 있다. 치료를 받으러 오신 분 중에서 공황장애 단독으로 진단이 되는 분들이 거의 없기 때문이다. 당연히 이런 현상에 관심을 가진 학자들이 많았다. 그래서 공황장애를 겪는 사람들이 어떤 다른 심리장애를 함께 갖고 있는지 조사한 연구들이 줄을 이었다. 공황장애와 가장 흔하게 겹치는 걸로 정평이 난 심리장애는 경계선 성격장애, 회피성 성격장애, 의존성 성격장애, 강박성 성격장애, 질병불안장애(건강염려증), 일반화된 불안장애, 주요우울장애, 지속성 우울장애, 사회불안장애, 특정 공포증, 강박장애 등이다. 그 외에도 많은 다른 심리장애가 공황장애와 겹쳐 나타나지만, 심리상담을 하며 자주 접하게 되는 심리장애들만 꼽자면 대략 이 정도 된다.

왜 공황장애만 단독으로 가진 사람이 드물까? 혹시 공황장애가 일차적인 원인이고 나머지 다양한 심리장애들을 이차적으로 갖게 되는 건 아닐까? 아무래도 그건 아닌 것 같다. 왜냐하면 공황장애는 심리치료를 통해 상대적으로 가장 빨리 치유되고, 공황장애가 완치된 후에도 다른 심리장애들은 거의 대부분 치유되지 않은 채 그대로 남아 있기 때문이다. 즉, 다른 종류의 심리장애들이 일차적인 문제이고, 공황장애는 이차적으로 발생하는 문제로 보는 시각이 지배적이다.

물론 치료의 초기 단계에서는 일단 공황장애부터 치료하고 보는 게 올바른 순서다. 공황발작에 대한 두려움 때문에 급히 도움을 받으러 왔기 때문에 당연히 우선 당장 간절한 문제부터 해결한다. 고열로 내원한 환자들의 경우처럼 고열의 원인을 찾는 진단도 중요하지만 일단 고열부터 서둘러 처치하는 것과 같은 이치다. 공황장애가 발생하고 지속되는 공황장애만의 심리적인 메커니즘이 따로 있고, 이걸 서둘러 치유하지 않으면 금방 악화될 수 있기 때문에 더욱 그렇다. 무의식중에 스쳐 가는 불길한 생각들과 자기도 모르게 하고 있는 안전행동 및 회피행동이 공황발작을 계속해서 점화시키는, 또는 공황발작에 대한 공포를 계속 부추기는 직접적인 원인으로 작용한다. 이것들을 찾아내서 바로잡지 않으면 불안이 점점 상승하고 여기저기로 번지면서 공황발작의 빈도가 늘어나게 된다. 그러다가 광장공포증으로까지 번지기도 하며 직업, 대인관계, 여가활동, 나아가서 일상생활에서도 지장을 초래할 수 있다.

공황장애는 잠깐 멈추고 쉬라는 경고이자
자신을 돌아보라는 권고다

공황장애 특유의 심리 메커니즘을 밝혀서 치유하는 게 우선이긴 하지만, 그게 전부라면 곤란하다. 각성이 쌓이고 쌓여서 공황발작이 올 정도가 되었다면 그 오래된 원인을 찾아서 해결하는 게 좋지 않을까. 공황장애의 이면에 감추어진 또 다른 심리장애를 이제는 좀 알아보고 인정하고 직면해야 하지 않을까. 당장 완전한 치유까지는 바라지 않더라도, 적어도 자신이 어떤 심리적인 문제들을 오랫동안 안고 살아왔는지 아는 게 낫지 않을까. 완전히 치유할 수 있다면 마다할 사람이 없겠지만, 심리치료가 단기간에 약간의 노력으로 또는 달랑 책 한 권을 독파하는 걸로 완성될 리는 없다. 그렇지만 어쩌다가 공황장애까지 오게 되었는지, 그것만큼은 정확하게 이해할 필요가 있다. 앞서 여러 번 강조했듯이 그래야 우선 당장 공황장애에서 깨끗이 벗어나기가 수월하다. 공황장애가 어느 날 느닷없이 찾아온 불행이라고 여기면 벗어나기가 쉽지 않다. 공황장애가 올 수밖에 없었다는 걸 마음 깊이 이해하고 받아들이는 것이 공황장애에 대한 막연한 두려움에서 벗어나는 첫걸음이다.

나는 어떻게 나의 힘든 마음을 그리도 몰라주고 있었던가, 적어도 그 정도는 궁금하실 것 같다. 예를 들어서 볼멘소리 한 번 없이 늘 양보만 하면서 듬직하게 살아온 사람이 어느 날 눈물을 뚝뚝 흘리면서 실은 자신도 외로웠다고, 힘들어도 울지 못해서 더 힘들었다고 말하면 그간 어떤 마음으로 살아왔는지 들어보고 싶어질 것이다. 지금 터져 나온 눈물이 단지 어제 중요한 면접 하나를 망쳤기 때문일까? 단순한 실패 하나일 뿐인데도 다시는 기회가 없을 것만 같고, 미래가 온통 암울하기만 해서 이젠 다 내려놓고 주저앉아 울고 싶다면, 그게 과연 어제오늘만의 문제일까? 일주일 동안 여행이라도 다녀오면 다 해결되는 문제일까? 굳이 그러지 않아도 되는데 자신의 존재를 증명하겠다며 애써 온 사람 또는 자신의 손으로 가족의 오랜 갈등을 해결하겠다면서 수십 년간 마음에 짐을 지고 살아온 사람이 앞에 앉아 있다면 그의 오랜 속내를 좀 들어 봐야 하는 것 아닐까. 그를 아끼는 사람들도 그 속내를 궁금해하겠지만, 그보다는 자기 자신이 마음을 들여다보는 게 꼭 필요하지 않을까.

다양한 심리장애를 세 가지 큰 범주로 나눈 후 하나씩 차례대로 살펴보고자 한다. 심리장애는 깊이 또는 심각성의 정도에 따라 정신장애Psychotic Disorders, 성격장애Personality Disorders, 그리고 정서장애Emotional Disorders의 세 가지 범주로 나뉜다. 다양한 장애들을 같은 범주로 묶을 때에는 그만큼 의미 있는 공통점이 있기 때문이다. 공황장애와 거의 무관한 정신장애에 대해서는 아주 간단한 몇 가지만 언급할 것이다.

모두 10가지의 성격장애 가운데 여기서는 공황장애와 밀접한 관련이 있는 네 가지의 성격장애만 소개하였다. 그리고 우울증과 불안장애를 포함하는 정서장애에 대해 좀 더 상세하게 다룰 것이다. 공황장애를 겪었거나 지금 겪고 있는 독자들은 거의 대부분 어느 한두 가지의 정서장애에 대해 '어, 이건 완전히 내 이야기다.' 또는 '이건 나하고 좀 비슷하다.' 하고 느낄 것이다. 그렇기에, 정서장애에 대해 언급하지 않고서는 공황장애를 충분히 이해할 수가 없다 해도 과언이 아니다.

내 안의 블랙홀: 정신장애

대표적인 정신장애는 최근 들어 세간에 많이 회자되는 조현병이다. 공황장애는 사실상 조현병과 무관하지만, 그럼에도 정신장애에 대한 이야기를 빠뜨리지 않고 조금이나마 굳이 하고 싶은 이유가 있다. 첫째, 어느 사회에나 정신장애의 발병률은 우리가 마냥 잊고 살아도 될 정도로 드물지 않다. 둘째, 환자의 가족, 친지, 그리고 지인들이 이 장애들에 대해 너무 모르거나 잘못 알고 있으면 올바른 대처를 할 수 없고, 그럴 때 종종 곤란한 문제들이 발생할 수 있다. 정신장애로 진행하고 있는 과정에서 '비전문가에게는 공황장애처럼 보이는' 증상들을 보이는 경우가 간혹 있다. 그럴 때 공황장애로 오인하면 난감한 상황이 생길 수도 있기 때문에 정신장애에 대한 올바른 지식을 조금은 알려드리는 게 필요하다고 생각했다. 가장 중요한 세 번째 이유는, 공황장애 증상을 겪다 보면 자신이 혹시 조현병으로 진행하고 있는 건 아닌가 하는 착각 때문에 공포를 느끼는 사람들이 있다. 정신장애에 대한 정확한 정보를 조금만 알고 있어도 막연한 두려움에서 해방될 수 있다.

본인이나 가족에게 해당되지 않더라도 약간의 상식은 나쁠 게 없고, 나아가서 성숙한 사회 만들기에 조금이나마 동참하는 기분으로 가볍게 읽어 주기 바란다.

정신장애는 소위 정신이 분열 또는 와해되었다고 표현할 수 있는 환청, 환시, 환각이나 망상 등의 증상을 보일 때 진단이 된다. 보통 사람들에게 보이지 않는 걸 보고, 들리지 않는 걸 듣고, 느낄 수 없는 걸 느끼고, 그럴 리가 없는 걸 그렇다고 절대적으로 믿는 등의 증상이다. 직업적, 사회적 기능뿐 아니라 일상의 가벼운 활동들마저도 제대로 이루어질 수 없을 정도로 온갖 기능이 일거에 무너지기에 매우 안타까운 병이지만, 한 가지 희망은 약물치료가 분명히 효과를 본다는 점이다. 정확하게 진단이 되고 적절한 약물을 사용하기 시작하면 오래지 않아 '누가 봐도 이상한 증상들'은 사라진다. 다만, 사고 능력이나 상황에 따른 대처 능력 등이 발병 이전과 똑같이 회복되지는 않는다. 더 이상 이상한 걸 보거나 이상한 말을 하지는 않지만, 보통 사람들과는 다른 시각에서 상황을 보는 특이한 면이 은근히 있고, 대인관계에서도 유달리 조심성과 경계심이 많아서 스트레스에 매우 취약한 성향은 그대로 남아 있거나, 발병 전과 비교했을 때 조금 더 민감해진 상태가 되는 것이 일반적이다. 사람들끼리 서슴없이 주고받는 흔하고 가벼운 농담에도 이들은 엉뚱하거나 과한 해석을 하면서 고통스러워하기도 한다. 그런 만큼 자신의 행동에 대한 조심성과 절제가 지나치리만큼 강하기에, 여간해서는 주위 사람들을 불편하게 하는 일이 없다. 이들을 가까이서 대하는 가족, 친지 및 친구들은 이들의 심리적 특성에 대해서 잘 배우는 게 매우 중요하다. 그래야 의도치 않게 상처를 주는 일을 줄일 수 있고, 이들이 조금이라도 너 사회에 도움이 되는 기능을 발휘하도록 도울 수 있기 때문이다.

정신장애는 생물학적, 의학적 문제다

가장 안타까운 점은 이 병이 성장과정에서의 스트레스로 인한 심리적 갈등 때문에 발생하는 게 아니라 태어날 때부터 갖고 나온 생물학적, 유전적 소인 때문에 발병한다는 사실이다. 막고 싶어도 막을 수 없다. 이들은 청소년기에 이미 남들과는 조금 다른 특이한, 그러나 큰 문제가 되지는 않을 정도의 예민함을 보인다. 전반적으로는 매우 순하고 여린데 그 정도가 적절하기보다는 좀 남달라서, 냉정하게 말하자면 친구들이 마냥 반가워하고 좋아하거나 닮고 싶을 정도는 아니다. 한 가지 예를 들면, 농담이나 장난스러운 행동 정도는 가볍게 소화하면서 재미를 나누어야 더 반갑고 친밀해지는 법인데, 이들은 그런 사고의 유연함이 '이상할 정도로' 부족하다. 그리고 자신이 사회성이 부족하다는 건 알고 있지만 무엇이 어떻게 부족한지, 어떤 부분을 남들과 다르게 보고 있는지를 콕 집어서 알지는 못한다. 보통은 그냥 넘어갈 만한 아주 사소한 것에서도 불합리하다거나 불공평하다는 식으로 크게 상처받기도 한다. 그런 예민함이 그럴 수도 있는 정도이기보다는 어딘가 특이하고 엉뚱하다는 느낌이 은근히 배어 있다. 반면, 보통 사람들이 당연히 예민하게 여길 것들에 대해서는 둔감하거나 무심해 보이기도 한다. 물론 그런 사소한 에피소드들이 큰 문제를 야기할 정도는 아니기에 가족이나 친구들이 크게 개의치 않고 넘어갈 수 있다. 그러다가 청소년기 후반 또는 성인기 초반에 어느 날 갑자기 이상한 말을 하거나 이상한 행동을 하기 시작하면서 순식간에 발병하는 게 가장 일반적인 경로다. 즉, 발병되기 전에도 어릴 적부터 평생 아주 높은 각성 상태에서 살아가다가 각성이 최고조에 달한 시점에서 공황발작이 점화되는 게 아니라 환청, 환시, 환각, 망상 등의 증상이 발현된다.

정신장애가 발병하기 전의 전조증상들이
마치 공황장애처럼 보일 수도 있다

일반적으로 정신장애가 발병하기 전에 몇 개월 정도의 기간 동안 아주 많이 예민해진다. 그 시기에 이유를 알 수 없는 극심한 불안을 호소하는 경우가 흔하다. 이때 공황장애처럼 보일 수도 있는데, 만약 정신장애의 전조증상이라면 공황장애로 오인해서는 안된다.

특히 공황장애로 보고 인지행동치료를 시작하는 건 절대 금물이다. 이들은 심리치료 전문가를 찾아갈 게 아니라 하루빨리 정신건강의학과 의사를 만나서 진단과 약물 처방을 받아야 한다. 이 대목에서 가족, 친지, 친구들의 역할이 가장 중요하다. 당신에게 소중한 누군가가 앞에 묘사한 것처럼 성장기부터 사회성이 '특이하게' 부족하고, 감정의 민감성이 '기이하게' 남다르며, 평소에 다소 엉뚱한 생각을 잘하는 성향을 은근히 보여 왔다면, 그리고 지금 현재 극심한 불안을 호소하고 있다면 "정신력으로 이겨내 보라"는 말을 해서는 안된다. 아직 발병되기 전의 전조증상을 보이는 거라면 병원에 가 보자는 제안에 특별한 거부감을 나타내지 않을 것이다. 스스로 도저히 감당할 수 없는 극심한 불안에 시달리고 있기 때문에 약을 먹으면 나아질 수 있다는 건 이들에게는 반가운 소식이다. 보호자와 함께 병원에 가서 진료를 받아 보고 다행히 정신장애가 아니라면 더없이 좋은 일이고 그때는 마음 푹 놓으면 된다. 실수로 화재 경보가 울리는 건 별일 없이 넘어갈 수 있다. 그런데 화재가 났는데도 경보가 울리지 않는 건 치명적이다.

정신장애가 아닌데도 정신장애 증상을 호소할 때가 있다
반대의 경우도 있다. 정신장애로 진행할 유전적 소인을 갖고 있지 않은데도 간혹 정신장애로 볼 수밖에 없는 환청, 환시, 환각, 또는 망상을 호소하는 경우가 있다. 이런 경우의 공식 진단명은 '단기 정신증적 장애Brief Psychotic Disorder'다. 이 장애는 전체 인구의 약 9% 정도에게서 발견되며—결코 적지 않은 숫자다—청소년 후기나 성인 초기에 주로 나타난다고 알려져 있다. 정신장애에 해당하는 증상이 짧게는 단 며칠만 지속되고, 길어봐야 한 달을 넘기지 않는다. 증상들이 사라진 후에는 증상이 발생하기 전의 기능들이 완전하게 회복이 된다. 이는 정신장애의 유전적 소인이 전혀 없기 때문에 가능한 일이다. 따라서 이건 정신장애가 아니다.

단기 정신증적 장애는 우울이나 불안, 또는 성격장애 등의 증상이 극심해졌을 때 일시적으로 나타날 수 있다. 각성이 지나치게 높아져 있고, 자신의 감정이 왜 이리도 널뛰고 있는지 전혀 이해가 되지 않으면서 너무 혼란스럽고, 그런 상태가 오래 이어지면서 '이러다 정말 내가 미치는 거 아닐까' 하는 불길한 생각이 극에 달하면 정신장애를 닮은 증세까지 나타날 수 있다. 사람 마음이 이렇게 약하다는 건, 우리가 능히 헤아릴 수 있는 일 아닌가 싶다.

실제 정신장애와의 차이점은 대략 이렇다. 정신장애의 유전적 소인을 가지고 있는 사람의 경우에는 말의 내용과 얼굴의 표정이 어딘가 모르게 엇박자가 나는 걸 느낄 수 있다. 반면, 단기 정신증적 장애를 앓는 사람의 표정에는 초조함과 어두움이 깊이 물들어 있을 것이다. 심리적으로 혼비백산한 가운데 두서없이 내뱉고 있는 말들의 내용 역시 이러한 초조함과 암울함을 잘 대변하고 있을 터다. 즉, 말의 내용이 표정과 행동에서 드러나는 감정과 일치한다. 감정이 무너졌다 해도 정신이 온전하다면, 다시 말해 정신장애의 유전적 소인을 갖고 있지 않다면 분명 그럴 것이다. 가족뿐 아니라 먼 친척까지 다 점검해 봐도 정신장애를 가진 분이 전혀 없고, 성장과정 내내 사회성도 좋고 다른 사람의 마음에 공감하고 헤아리는 능력이 검증된 사람이라면 정신장애를 의심할 이유가 더더욱 없다.

이들에게 당장 시급한 것은 '단기 정신증적 장애'에 내한 정확한 지식이다. 자신이 현재 겪고 있는 증상들에 대해 '충분히 그럴 만도 했다'고 이해가 되어야 하며, 정신장애의 유전적 소인을 갖고 있지 않다는 확신 또한 가져야 한다. 두말할 것 없이 가장 중요하고 가장 조심해야 할 것은 정확한 진단이다. 증상을 겪는 사람뿐 아니라 가족, 친구들처럼 비전문가가 스스로 판단하는 건 금물이다.

공황발작을 정신장애 증상으로 착각하는 사람이 제법 많다

정신장애 증상이 전혀 없이 공황발작을 겪고 있는데도 행여 정신장애로 발전하고 있는 건 아닌가 공포를 느끼는 사람들이 꽤 많다. 1부에서 설명한 것처럼, 공황발작을 겪을 때 '이러다 죽는 건 아닌가' '행여 정신장애로 진행하는 길목에 와 있는 건 아닌가', 또는 '나도 모르게 이상한 행동을 저지르는 건 아닐까' 등의 공포를 느끼는 게 공황장애의 진단기준 가운데 하나다. 공황발작 도중에 정신을 잃을 것만 같고, 여긴 어디고 나는 누구인지 혼란스럽거나, 공중에 붕 뜬 듯하거나, 마치 딴 세상에 와 있는 듯 주위가 비현실적으로 느껴질 수도 있다. 정신장애가 무엇인지 들어 본 적도 없고 가까이에서 지켜본 적도 없으니 행여 이게 바로 그 무서운 조현병 증상은 아닐까 의심할 법도 하다. 워낙 순식간에 덮친 증상이고 정신은 이미 혼비백산하고 있으니 차분하게 점검할 틈도 없이 덜컥 겁이 나는 건 그리 이상한 일이 아니다. 그 정도로 연약한 게 사람 마음이니까.

실제 정신장애의 증상과 확연하게 구분이 되는 차이점은 공황발작의 경우에는 주위 사람들이 보기에 전혀 이상해 보이지 않는다는 점이다. 다만 겁에 질려 있거나 초조해하고 있거나 너무 서두르느라 횡설수설하는 듯 보일 수는 있겠지만, 여전히 말과 표정과 감정이 자연스럽게 일치하기 때문에 남 보기에 정신이 이상한 상태로는 보이지 않을 것이다. 특히 10분가량 지나면서 차차 진정이 되면 더더욱 겁내지 않아도 된다. 나아가서 1부에서 공황발작을 겪기 전까지의 오랜 과정과 공황발작을 겪은 후의 심리 과정에 대해 자신을 대입시켜서 생각해 봤을 때 마음에 와닿으면서 충분히 이해가 된다면 정신장애의 가능성이 전무하다고 봐도 좋다.

꽁꽁 묶인 마음의 매듭: 성격장애

성격장애가 무엇인지 조금 알고 있는 사람들도 공황장애와 성격 장애는 서로 아무런 관계가 없다고 생각할 수 있다. 특히 성격장 애에 대해 들어 본 적이 없는 독자라면 왜 갑자기 성격장애 이야 기를 꺼내는지 의아할지도 모르겠다. 그럴 만하다. 첫째, 성격장애 가 무엇인지, 얼마나 흔한지 정확하게 알고 있는 사람이 거의 없 다. 실제로 성격장애로 고생하다가 심리치료를 받으러 온 사람 및 그들의 가족은 거의 모두가 '우울증이 좀 있다'는 표현을 즐겨 쓰 는데, 정말 그렇게만 알고들 있다. 성격장애라는 말이 생소하기도 하지만 어감이 썩 반갑지 않아서 더욱 그럴 것 같다. 둘째, 비전문 가인 일반 독자를 위한 웬만한 심리서적은 성격장애를 거의 언급 하지 않는다. 심지어 공황장애의 자가 치유를 돕는 서적들 역시 성격장애에 대해 언급한 경우가 없다. 셋째, 성격장애만의 문제로 심리치료를 찾아오는 사람은 희박하지만(경계선 성격장애는 예외다), 공황장애까지 겹치면 비로소 찾아올 가능성이 그나마 약간은 높아진다. 그럼에도 여전히 찾아오지 않는 사람들이 허다하지만. 그래서 성격장애 이야기를 꼭 해야 한다고 생각했다.

공황장애 때문에 이 책을 읽는 독자들 가운데 성격장애, 또는 성격장애로 진단이 될 정도는 아니지만 어느 정도의 비슷한 성향을 가진 채 오랫동안 고생하고 있는 사람이 아주 드물지는 않을 거라 예상한다. 특히 경계선 성격장애를 가진 사람은 다른 심리장애를 가진 사람과 비교했을 때 공황장애를 겪을 가능성이 가장, 그리고 월등히 높다(이는 학계의 연구 결과들을 통해 꾸준히 입증되었다). 그보다는 덜하지만, 회피성 성격장애와 의존성 성격장애를 가진 사람 역시 공황장애를 겪을 가능성이 매우 높다는 연구 결과들이 많다. 또한 공황장애를 가진 사람을 대상으로 조사했을 때에도, 대략 30~50% 사이의 사람들이 성격장애로 진단이 될 만하다는 연구 결과가 발표되었다. 그런데 성격장애를 치유하기 위해 심리치료를 스스로 찾아오는 사람이 희박하다는 안타까운 현상은 학계에서도 아주 깊이 고민하는 주제다. 종합해 보면, 성격장애로 고생하는 사람이 심리치료의 문턱을 비로소 넘게 해 주는 것이 공황장애라고 볼 수 있다. 십 년 넘게 심리치료를 하면서 피부로 느낀 점들이 학술 저널에 보고된 연구 결과들과 일치한다.

공황장애의 치료만 원하는 사람에게 지금 당장 성격장애

치료까지 굳이 강권하겠다는 건 아니다. 여기에서는 지면이 턱없이 부족하므로 성격장애 치료의 처음부터 끝까지 모두 다룰 수도 없다. 게다가 심리치료는 스스로 간절히 원하지 않으면 이루어질 수 없고, 특히 자신이 아닌 어느 누구도 변화를 강요할 수 없다. 그럼에도 공황장애 이면에 존재하는 성격장애에 대해 짚고 가는 이유는, 성격장애를 가진 사람은 공황장애의 치유 과정 자체의 진행 양상이 좀 다르기 때문이다. 특히 경계선 성격장애의 경우는 전형적인 인지행동치료로 공황장애를 완치하기가 어렵다. 인지행동치료를 통해 공황장애를 극복한 사람은 거의 대부분 재발하는 일이 없는데, 경계선 성격장애를 가진 사람은 예외다. 자주 재발하는 데에는 그럴 만한 이유가 있고, 그걸 이해하고 해결하기 위해 추가적인 노력이 필요하다. 회피성, 의존성, 강박성 성격장애를 가진 사람의 경우에는 공황장애를 극복하는 데 있어서 인지행동치료가 적합하지만, 치료의 과정 하나하나를 차근차근 다지면서 천천히 밟아 나가는 태도가 중요하다. 게다가 어린 시절의 뿌리까지 탐색해 들어가서 깊이 있게 다루는 식의 접근이 반드시 필요한 경우도 종종 있다.

공황장애의 치유 과정으로 들어가기에 앞서, 여기서 잠시 자신을 들여다보며 자신의 성향에 대해 어느 정도 자가진단이 되면 좋겠다고 생각했다. 실제로 심리치료는 초기 단계에서 그렇게 진행하는데, 책이라고 해서 굳이 달라야 할 이유는 없을 것이다.

자신의 심리적 문제 또는 성향에 대해 조금이라도 더 알게 되는 건 어떻게든 자신에게 도움이 되리라 생각한다. 공황장애가 치유된 후에도 각자 자신의 심리적 안정과 번영을 위해서 어떤 방식의 노력이 필요한지에 대해 생각해 보시기를 바란다.

공황장애에 대한 전통적인 인지행동치료는 매우 높은 완치율이 널리 검증된 훌륭한 치료법이다. 심리치료의 깊이라는 측면에서는 그리 깊이 들어가지는 않는 비교적 간소한 치료법이나, 사실은 그렇기에 훌륭하다. 보다 많은 사람에게 시간과 비용을 적게 들이면서도 큰 효과를 줄 수 있으니까. 하지만 아무리 좋은 도구도 모든 이의 모든 문제를 다 해결할 수는 없다.

성격장애에 대한 오래된 의문들:
그들은 진정 달라지기를 원하는가

『정신장애의 진단 및 통계 편람(DSM-5)』에 수록된 성격장애는 모두 열 가지다. 열 가지 성격장애는 A형, B형, 그리고 C형의 세 가지 범주로 더 나뉜다. 그중에서 C형에 해당하는 회피성, 의존성, 강박성 성격장애가 심각성이 덜하고, 심리치료를 통해 극복할 수 있는 가능성이 가장 높다. B형의 성격장애 가운데서는 경계선 성격장애를 가진 사람들만 유일하게 심리치료를 스스로 찾는 경우가 빈번하고, 실제로 심리치료를 통해 극복한 사례가 다른 성격장애에 비해 압도적으로 많다. 이 책에서는 C형에 해당하는 회피성,

의존성, 강박성 성격장애와 B형에 속하는 경계선 성격장애, 이렇게 네 가지 성격장애에만 집중하려 한다.

이들 네 가지 성격장애를 가진 사람들은 나머지 여섯 가지의 성격장애를 가진 사람들과는 달리 다음과 같은 특징을 갖고 있다. 첫째, 자신의 문제점을 좀 더 잘 인지하고 있고, 스스로 달라지기를 소망한다는 것이 가장 큰 차이점이다. 자가 치유 서적을 찾아서 읽을 만한, 어쩌면 누구보다 더 간절히 읽을 법한 사람들이다. 하지만 안타깝게도 스스로 변화할 수 있다는 자신감이 아주 작고, 심리치료가 자신에게도 도움이 될 거라는 기대감이 매우 낮다. 성격장애의 가장 큰 문제점으로 자주 지적되던 것은 문제 인식이 부족하기 때문에 스스로 달라지기를 원하지 않는다는 점이었다. C형의 성격장애들 역시 심리치료를 잘 찾지 않고, 막상 치료가 시작되어도 적극적이지 않고, 금세 중도포기하는 경우가 많은 걸로 정평이 나 있다. 하지만 이들은 '두려움이 너무 커서 회피하는 것'뿐이지 변화를 원하지 않는 게 아니다. 즉, 심리치료가 진행되면서 부딪혀야 하는 과제들마다 두려움이 극심하게 엄습하기에 차마 한 발 두 발을 떼지 못하고 돌아서는 것이지, 자신의 현재 모습에 만족하는 게 아니다. 둘째, 다른 여섯 가지의 성격장애와 비교하면 심각성이 덜하고, 따라서 심리치료를 통해 긍정적인 변화를 만들어 낼 가능성이 월등히 높다. 다만, 이들이 심리치료 과정에서 마주해야 하는 '두려움'을 어떻게 최소화할 수 있는지가 숙제다. 셋째, 공황장애를 겪을 가능성이 다른 여섯 가지의 성격장애에 비해 훨씬 높다. 넷째, 이 책의 독자들 가운데 이 네 가지 성격장애 중 하나를 (또는 그런 종류의 기질을) 가지고 있을 가능성이 크다.

성격장애라는 용어는 올바르지 않다

우선적으로, 성격장애라는 용어에 대해서 꼭 말하고 싶은 것이 있다. '정신장애'가 정신이 정상적이지 못하다는 의미인 것처럼, '성격장애'라는 용어는 성격이 무난하지 못해서 자기 스스로도 정신적 고통에 빠지고 나아가 주변 사람들까지 힘들게 한다는 의미를 노골적으로 내포하고 있다. 이처럼 부정적인 의미를 적나라하게 품고 있어서, 부를 때마다 썩 내키지 않는 아주 불편한 용어다. 그래도 공식 명칭이기 때문에, 현재로서는 원활한 소통을 위해 성격장애라는 용어를 사용할 수밖에 없지만, 머지않아 더 적절한 용어로 개정되기를 바란다. 예를 들어, 마샤 리네한 박사는 경계선 성격장애를 '정서조절장애'라고 부르는 게 옳다고 주장한다. 이 의견에 100% 공감하고 온 마음으로 지지한다. 왜 그런지 설명하려면 좀 길어질 수밖에 없다. 차근차근 풀어 보자.

'성격장애'는 철저히 타인의 시각에서 바라보는 관점의 용어다. 의존성 성격장애는 '적당히 독립적이지 못하고 왜 이렇게 극단적으로 의존적일까. 그렇게 하면 자기도 힘들고 자기에게 소중한 사람도 결국 지칠 것 아닌가'라는 관점, 회피성 성격장애는

'남들 앞에서 간혹 못나 보이거나 실수를 좀 하는 게 그리 좋을 건 없겠지. 그렇지만 그것 때문에 관계가 금세 다 어그러지는 건 아닌데 왜 저렇게까지 두려워하고 전부 다 피하려고만 하지?'라는 관점, 강박성 성격장애는 '왜 저렇게 매사에 조금의 융통성도 없이 강박적일까. 꼼꼼하고, 올바르고, 정확하고, 예의 바른 게 좋기야 하지만 조금의 빈틈만 보여도 못 견디면 사는 게 너무 피곤하지 않나'라는 관점을 드러낸다. 물론 자기 자신도 '나는 왜 이럴까' 하는 의문을 똑같이 품고 있다. 즉, '내가 계속 이러면 타인이 나를 이런 식으로 볼 텐데' 하는 염려를 분명히 하고 있다. 남들은 알 수 없지만 자기로서는 그렇게 할 수밖에 없는 속내는 따로 있다. 자기 자신도 어떻게 행동해야 남들이 보기에도 좋고 자기 스스로도 당당할 수 있는지 잘 안다. 그럼에도 불구하고 그 무언가가 못내 두려워서 생각하는 대로 행동하는 게 너무 어렵다. 문제는 못내 두려워하는 '그 무언가'가 무엇인지 알다가도 잘 모른다는 사실이다. '내가 왜 이러지? 정말 알다가도 모르겠어.' 이걸 마음속에서 혼자 계속 되풀이한다. 성격의 문제가 아니라 알 수 없는 두려움의 문제다. 성격장애라는 용어는 이들의 아픔에 대한 공감이 부족한 태도에서 비롯된 것이다.

특히 경계선 성격장애는 '정서조절장애'라 불러야 옳다

'경계선' 성격장애는 타인의 시각에서 보면 '이쪽도 저쪽도 아닌

중간 어디쯤의 경계'에 있는 듯 보이기에 붙여진 이름이다. 1938년에 이 장애가 처음 발견되고 학자들 사이에서 활발하게 논의되던 당시에, 정신장애인 듯하지만 정신장애가 아닌데 그렇다고 신경증(우울 및 불안장애를 포함하는 정서장애에 해당하는 과거에 통용되던 진단명)으로 보기에는 너무 극단적이어서 정신장애와 신경증의 경계에 있다는 의미로 붙여졌다. 잠깐 사이에도 극단적으로 좋고 싫은 감정 사이를 왔다 갔다 하고, 감정의 파고가 걷잡을 수 없이 높게 일고, 감정의 표출이 무서울 정도로 거칠기에 눈앞에서 바라보는 상대방의 입장에서는 '이러다 잘못되는 거 아닌가' 싶을 정도다. 그런데 조금 지나면 언제 그랬냐는 듯 잔잔하고 부드럽게 변한다. 차분할 때는 따뜻하고, 사려 깊고, 공감 능력이 좋고, 배려심마저도 섬세하다. 이들의 감수성은 조금 좋은 정도가 아니라 예술가적 기질이라 할 만큼 섬세하다. 그런데 (우리들 눈에는) 사소한 일로 자극을 받으면 성난 사자처럼 할퀴면서 공격하기도 하고, 부모를 잃어버린 아이처럼 찢어지게 울기도 하고, 오랫동안 버려진 채 방치된 아이처럼 멍한 슬픔에 푹 빠지기도 한다. 분명히 정상인데 때때로 정상이 아닌 듯 보이는 이들에게 제일 처음 붙여진 경계선 성격장애라는 오명이 아직까지 그대로 쓰이고 있다.

경계선 성격장애가 있는 사람은 사람 사이의 적절한 거리를 잘 몰라서 '경계'를 잘 지키지 못한다. 걱정이 너무 앞서서 사람들에게 쉽게 다가가지 못하다가, 친해졌다 싶으면 너무 급작스럽게 경계를 허물고 들어가기도 하며, 가까이 의지하는 사람이 조금만 멀어지는 듯하면 필사적으로 매달리거나 깊이 상처받기도 한다. 사람 간에는 적당한 거리라는 게 있어서 독립심과 의존성이 적절히 섞여 있어야 관계를 무난히 유지할 수 있다. 아무리 친하고 믿는 사이라도 언제나 밀착된 거리에만 있을 수는 없는데, 경계선 성격장애가 있는 사람은 그런 경계를 지키는 게 너무 어렵다. 이들은 조금만 멀어지는 듯한 느낌이 들어도 버려진 듯한 공포에 순식간에 압도된다. 이성적으로는 그럴 만한 일이 아님을 알지만 그때의 감정이 쉽게 조절되지 않는다. 이쯤 되면, '어, 그럼 나도 경계선 성격인가?' 생각하는 분들이 많을 것이다. 사실 주변에서 이런 식으로 집착하는 성향을 보이는 사람을 흔히 볼 수 있다. 문제는 정도 차이다. 대부분의 '좀 예민한' 사람들은 이 정도의 감정의 파고를 보이지는 않는다. 경계선 성격장애를 가진 사람은 어디에서 오는지 알 수 없는 감정의 고통이 너무 독해서 '그 순간에는 별수 없이' 그렇게 행동하게 된다. 감정이 요동치지 않을 때는 바르게 판단하고 적절하게 처신한다. 그럴 땐 속 깊은 소통까지도 잘하는, 그저 감성이 남달리 풍부한 사람이다. 때문에 이들에게는 경계선 성격장애가 아닌 '정서조절장애'라는 명칭이 올바르다.

경계선 성격장애를 쉽게 이해하지 못하고 그다지 이해하려는 의지도 없는 타인의 시선을 기준으로 이름을 붙이는 건 옳지 않다. 이들을 이해하고 공감하는 뜻에서 이름을 붙여야 한다. 타인에게 어떻게 보이는지를 강조함으로써 이들의 치유를 독려할 수는 없지 않은가. "남들 보기에 안 좋잖아, 그러니 고쳐 봐."라고 말하는 건 제삼자가 듣기에도 못마땅하다. 이들은 이미 자신의 행동이 남들 보기에 어떤지를 잘 알고 있다. 그걸 몰라서 달라지지 못하는 게 아니다. 사실은 그걸 너무 잘 알기에, 자존감이 정말 바닥까지 내려가는 자기 실망과 좌절이 반복되기에 변화에 필요한 힘을 더 못 내는 것이다(이게 정말 중요하다. 이 부분은 3부에서 좀 더 상세히 설명할 것이다). 자신이 왜 정서조절 능력이 현저하게 부족한지를 꼭 이해하고 받아들여야 한다. 그래야만 비로소 치유될 수 있는 길이 열린다. 올바른 용어는 올바른 길잡이의 출발점이 될 수 있다. 이 책에서는 경계선 성격장애라고 쓰고 정서조절장애라고 읽기를 제안한다.

임상군 vs. 준임상군

'임상'은 장애로 진단이 될 정도의 문제라는 의미를 담고 있다. '임상심리학'은 장애로 진단이 될 정도의 심리적인 문제들을 연구하는 학문을 뜻하고, '임상심리 전문가'는 심리장애를 진단하고 치료하는 전문가를 말한다. '군'은 그룹을 뜻한다. 즉, 임상군은 심리장애로 진단이 되는 사람들을 뜻하고, 준임상군은 진단이 될 정도는 아니지만 그와 유사한 성향을 어느 정도 갖고 있는 사람들을 의미한다. 준임상군은 임상군에 비해서 심리치료를 더 잘 찾아오고, 치료의 효과가 더 뚜렷하며, 치료 기간도 짧다는 게 심리학계의 정설이다. 준임상군에 해당하는 분들에게도 이 책은 큰 도움이 될 것이다.

자신이 임상군과 준임상군 중 어디에 속하는지의 구분은 무의미하다. 물론 그런 구분이 꼭 필요한 경우도 있다. 이를테면 특정 성격장애에 대한 어떤 치료법의 효과를 검증하는 학술 논문을 발표할 때는 임상군을 대상으로 연구했는지 준임상군을 포함시켜서 연구한 결과인지를 명확하게 밝혀야 한다. 마찬가지로, 회사에 현재 '정신적인 어려움'을 겪고 있어서 과도한 업무를 감당하기 어렵다는 사유서를 제출해야 한다면 '임상군'에 해당할 정도라는 진단이 있어야 설득력이 생길 것이다. 그런 특수한 경우에는 '있다'와 '없다'를 억지로 갈라야 한다. 그런데 성격 패턴이라는 건 있거나 없는 문제가 아니라 정도의 문제다. 정도가 조금 덜하다 해서 없는 셈 칠 일은 아니다. 임상군에 속하지 않는다 해도 그런 성격 패턴을 진하게 갖고 있어서 삶이 고단하고 만족감이 떨어진다면, 그로 인해 늘 각성이 상승하고 쌓여가는 중이라면 가벼이 여길 일이 아니다. 표 3에 네 가지 성격장애에 대한 진단기준을 간략하게 정리해 놓았다. 자신이 어떤 성격 패턴을 갖고 있는지 스스로 점검해 보시기 바란다. 그리고 이러한 특징들이 자신의 대인관계와 전반적인 삶에 어떤 영향을 어느 정도로 주고 있는지 돌아보시기 바란다.

표 3. 성격장애들에 대한 진단기준

『정신장애의 진단 및 통계 편람(DSM-5)』에 있는 몇 가지 성격장애들의 진단기준을 간략하게 정리했다. 자신의 성격적 특징이나 자주 겪는 문제들이 여기에 해당한다면, 이미 공황발작을 여러 차례 겪어 봤을 가능성이 높다. 특히 스트레스를 심하게 겪는 기간에는 공황발작이 아주 빈번하게 점화될 수도 있다.

경계선 성격장애를 가진 사람은 오래전부터 공황장애로 인해 자주 고통을 받았거나 현재도 받고 있을 가능성이 높다. 반복되는 공황발작으로 인해 겪는 스트레스나 정신적 고통이 다른 사람들에 비해 더 심각할 수 있으며, 출구가 보이지 않는다는 절망감에 잘 빠지기도 한다.

경계선 성격장애Borderline Personality Disorder

대인관계와 자아상 및 감정의 불안정, 심한 충동성으로 인한 행동 패턴이 여러 상황에서 광범위하게 나타난다.

- 버림받는 또는 버림받는 것처럼 느껴지는 상황을 피하기 위한 필사적인 노력
- 상대를 극단적으로 이상화하거나 극단적으로 평가절하하는 등, 두 극단 사이를 왔다갔다 하는 불안정하고 강렬한 대인관계 패턴
- 자아정체감의 혼란: 자기가 어떤 사람인지에 대한 자아상이 항상 극도로 불안정함
- 자기 자신에게 손상을 가할 정도의 충동성이 최소한 두 가지 영역에서 나타남 (예: 낭비, 안전하지 않은 성관계, 약물/알코올 남용, 무모한 운전, 폭식 등)
- 반복적인 자살 시도, 자살 시늉, 자살 위협, 또는 자해 행위
- 현저한 기분 변화에 따른 정서적 불안정(예: 간헐적인 심한 불쾌감, 과민성, 불안이 보통 여러 시간 지속되며, 여러 날 동안 지속되는 경우는 희박함)
- 만성적인 공허감
- 부적절하게 심한 분노를 느끼며, 분노를 잘 조절하지 못함(예: 자주 울화통을 터뜨림, 지속적인 분노, 잦은 몸싸움 등)
- 스트레스를 심하게 받으면 편집증적인(병적인 의심) 사고나 심각한 해리(유체이탈과 비슷한 느낌) 증상을 일시적으로 나타내기도 함

이런 9가지 특징 중에 5가지 이상을 갖고 있으면 경계선 성격장애로 진단될 수 있다. 이 장애를 가진 분들이 전체 인구의 대략 1.6%, 많게는 5.9% 정도 될 수 있다고 보고되어 있다. 정신건강의학과나 심리치료 클리닉에 내원하는 사람 가운데 10% 정도가 경계선 성격장애를 갖고 있다고 보고되어 있다.

회피성 성격장애Avoidant Personality Disorder

자신이 매우 부적절하다는 느낌, 부정적 평가에 대한 지나친 민감성 때문에 사회성을 극도로 억제하고 사람들과 어울리는 상황을 극도로 회피하는 게 특징이다.

- 비난, 꾸중, 또는 거절이 두려워서 대인관계가 요구되는 직업 활동을 회피함
- 자신을 좋아한다는 확신이 서지 않으면 상대방과의 만남을 기피함
- 창피나 조롱을 당할까 봐 두려워서 대인관계를 친밀한 관계로만 제한함
- 사회적 상황에서 비난당하거나 거부당할 것이라는 생각에 사로잡힘
- 자신이 부적절하다는 느낌 때문에 낯선 사람을 만나는 상황에서 크게 위축됨
- 스스로가 사회적으로 무능하고, 매력이 없으며, 다른 사람들에 비해 열등하다고 생각함
- 당황하는 모습을 보일까 봐 두려워서 어떻게 전개될지 확실하지 않은 일이나 새로운 활동에는 참여하지 않으려 함

이런 7가지 특징 중에 4가지 이상을 갖고 있으면 회피성 성격장애로 진단될 수 있다. 이 장애를 가진 사람이 전체 인구의 대략 2.4% 정도 된다고 보고되어 있다.

의존성 성격장애Dependent Personality Disorder

일상의 매사에 대해 스스로의 판단과 대처 및 해결 능력을 믿지 못하기 때문에 누군가의 보호와 보살핌을 갈구하고, 그 사람에게 순종하고 매달리면서 모든 일을 대신 판단하고 리드해 주기를 바라는 게 특징이다.

- 다른 사람이 확실하다고 말해 주지 않고 충분한 조언을 해 주지 않으면 어떤 일도 스스로 결정하지 못함
- 자신의 인생에서의 중요한 모든 결정에 대해 다른 누군가가 대신 결정하고 책임져 주기를 갈망함
- 행여 그 사람이 자신을 싫어하고 더 이상 도와주지 않게 될까 봐 두려워서 그 사람의 생각과 반대되는 의견을 말하지 못함
- 자기 스스로 일을 결정하거나 시작하지 못함(동기가 부족해서가 아니라 자신의 결정이 옳다는 자신감이 없어서)
- 다른 사람의 지지와 보살핌을 얻기 위해서라면 뭐든지 다 하고, 심지어 불쾌한 일까지 마다하지 않고 스스로 자청해서 함
- 혼자서는 아무 것도 못한다는 두려움 때문에 혼자일 때 지나치게 불편하고 무기력함

- 가깝던 관계가 멀어지고 나면 보호와 보살핌을 받기 위해 재빨리 다른 사람을 찾음
- 혼자 남겨지는 것에 대한 두려움에 극단적으로 사로잡혀 있음

이런 8가지 특징 중에 5가지 이상을 갖고 있으면 의존성 성격장애로 진단될 수 있다. 이 장애를 가진 사람이 전체 인구의 대략 0.6% 정도 된다고 보고되어 있다.

강박성 성격장애Obsessive Compulsive Personality Disorder

질서 정연한 정돈 상태와 완벽주의를 추구하고, 자신의 정신과 대인관계를 엄격하게 통제하며, 사고와 행동의 유연성이 떨어지고, 자신의 속내를 여간해서 드러내지 않으며, 모든 세부적인 사항들에 너무 집착하는 나머지 일의 효율성이 심각하게 떨어지는 특징을 보인다.

- 세부사항, 규칙, 목록, 순서, 시간의 계획이나 형식에 집착하면서 일의 큰 흐름을 잃음
- 완벽함에 지나치게 집착해서 일을 제때 끝내지 못함
- 일과 생산성에 너무 많은 시간을 바치고 지나치게 열중하느라 자신의 여가 활동이나 친구 관계 등을 소홀히 함
- 도덕, 윤리, 가치 등에 매우 큰 가치를 두고 있으며 과도하게 양심적인 특징을 보임
- 너무 낡아서 더 이상 별 가치가 없어진 물건조차 함부로 버리지 못함
- 자신이 중요시하는 것들을 자신처럼 중요시하지 않는 사람들과 함께 일하기를 매우 싫어함
- 돈 씀씀이에 매우 인색하며, 자신과 타인 모두에 적용됨
- 매우 고집이 강하고 완고함

이런 8가지 특징 중 4가지 이상을 갖고 있으면 강박성 성격장애로 진단될 수 있다. 이 장애를 가진 사람이 전체 인구의 2.1~7.9% 정도 된다고 보고되어 있다.

평온하고 느긋한 게 어떤 느낌인지 모르는 사람들에게
공황발작은 필연 같은 것

이런 불안한 성향은 아동기에 발달하여 청소년기에 틀이 잡히고 성인기에 들어선 후 더욱 굳어져 간다. 평온하고 느긋한 아동기를 보내면서 이런 성향이 발달할 리는 없다. 이들의 어린 시절은 대부분 온전하지 못했다고 말할 수 있다. 어린아이가 겪지 말아야 할 일들을 겪었고, 감당할 수 없는 감정의 고통에 휘말렸었다. 아동기에 불안을 잔뜩 품은 채 성장하다가 청소년기에 이성이 발달하고 자율성이 늘어나면서 자신만의 방식으로 내면에 가득 찬 불안에 대처하게 된다. 즉 자기만의 방어기제들이 발달하고 다양해지고 깊어지면서 습관처럼 굳어진다. 그러면서 성격의 틀이 갖춰진다. 한마디로 이들은 평온하고 느긋한 시절이 어떠한지 잘 모른 채 평생 불안과 싸워온 셈이다. 각성이 낮은 평온한 상태가 어떤 건지 잘 모른다고 말할 수도 있다.

자신의 어릴 적이 그래도 상대적으로 편하고 즐거웠다고 기억할 수도 있다. 상담에서 그리 말씀하시는 분들이 종종 있다. 그러나 상담이 진행되는 동안 '아, 내가 어릴 때 늘 불안했었군요. 지금 돌아보니까 그때의 제 자신이 너무 안쓰럽네요.'라며 뒤늦게 깨닫는 분들이 많다. 물론 어린아이였기 때문에 친구들과 어울려서 웃고 까불고 즐거웠던 시간이 없지 않을 것이다. 그 후의 삶에 비하면 그래도 그때가 천진하고 가볍고 행복했을 수도 있다. 걱정도 불안도 슬픔도 많았겠지만 그래도 걱정거리에 파고들기보다는 아이처럼 놀면서 잊을 때가 많았을 테니까. 그러니까 그땐 그래도 좋았다고 기억하는 게 이상한 건 아니다. 다만, 아이가 고민하지 않아도 되는 고민들을 시도 때도 없이 해야만 했던 건 지독한 불운이다. 그리고 아이들은 감당하기 어려운 감정들을 스스로 해결하지 못하기에 그저 마음속 깊이 묻을 수밖에 없다. 마음 가장 깊은 곳에 묻어 두고, 다시는 꺼내 보지 않으려고 애쓰게 된다. 잊으려, 외면하려, 회피하려, 억누르려 애쓴다. 그러기 위해서는 방어기제들이 필요했고, 두려움을 상기시키는 작은 자극들조차 애써 피해 가는 태도가 습관이 되었다.

그렇게 마음 깊은 곳에 묻힌 감정들이 성장하는 동안 사라지는 건 아니다. 잊겠다 해서 잊히는 건 아니다. 의식이 잊어도 무의식이 다 기억한다. 그래서 아무 일도 없는데 늘 불안정하다. 어디서 오는지 알 길이 없는 내면의 불안에 자주 직면하게 되고, 자신만의 방식으로 항상 대처한다. 방어기제가 하나둘 쌓여서 성격 패턴을 형성한다. 그렇게 자신만의 성격이 굳어져 간다. 그리고 그런 성격 패턴이 또 다른 불안을 낳는다. 회피할수록, 의존할수록, 강박적으로 매달릴수록 불안이 점점 커져 간다. 불안을 피하려다가 불안이 커진다. 어디서부터 잘못되었는지, 어디서부터 풀어가야 하는지 알 도리가 없다. 이렇게 각성이 쌓여가는데 어느 날 공황발작이 찾아오지 않으면 그게 더 의아할 일이다.

이 사람에게 공황발작은 마치 때가 되면 찾아올 수밖에 없는 필연 같은 것일지도 모른다. 그렇다면, 이런 성향을 갖고 살면서도 공황발작을 경험하지 않는 사람을 어떻게 이해해야 할까. 공황발작을 겪은 사람들이 어쩌다 그리되었는지 분석하는 일은 비교적 수월하다. 반대로 공황발작을 겪지 않은 사람들이 어떻게 해서 그렇게 예방(?)할 수 있었는지를 설명하려면 좀 막막하다. 그래도 그럴듯한 추측을 해 본다면, 어쩌면 그들은 공황발작을 아직 겪지 않았을 뿐이거나, 또는 많은 손해를 감수하면서까지 자신이 두려워하는 것들을 철저히 피하고 있기 때문일지도 모른다.

회피성 성격: 온전한 삶을 포기하고 철저히 은둔하면 공황발작을 면할 수는 있다

만약 회피성 성격장애를 가진 사람이 회사에 출근하는 직업을 구할 생각은 한 번도 해 본 적 없고, 집에서 혼자 할 수 있는 일을 찾았는데 그걸로도 그럭저럭 생활을 영위할 만큼의 돈을 벌고, 새로운 사람들을 사귀지 않고, 기존의 한두 명의 친구들도 주로 온라인으로만 관리하고, 바깥 활동은 오직 부모 또는 배우자와 함께하는 외식이나 쇼핑이 전부라면 크게 스트레스를 받을 일이 없을 것이다. 가끔 외롭고 울적해지기도 하겠지만, 그래도 머리털이 곤두서고 머리가 지끈거리고 몸이 오그라드는 긴장을 겪는 것보다는 한결 낫다고 생각할 것이다. 그 정도 불편한 감정들은 그냥 견뎌 주면 또 지나가지만, 긴장이나 두려움은 그냥 견딘다고 지나갈 것이라 생각하지 않는다. 상상만으로도 몸이 마비되거나 조여 오고 떨려 온다. 그러다가 무슨 일이 날 것만 같다. 피하는 것 외에는 배운 게 없다. 그렇기에 경제적으로 궁핍하지 않다면 틀을 깨고 밖으로 나오려 하지 않는다. 그렇게 사는 동안에는 공황발작을 면할 것이다. 두려움을 회피하기 위해 삶을 피하는 셈이다.

이 경우를 놓고 보면, 공황발작을 나쁘게만 볼 일은 아니다. 공황발작으로 인해 몸이 상하는 것도 아니고 정신이 손상을 입는 것도 아니다. 그저 각성이 그 지점까지 상승했다는 신호일 뿐이다. 공황발작이 없는 성격장애를 마냥 더 다행이라 여길 일은 아니다. 틀을 깨고 나와서 삶을 펼치려고 시도하면 공황발작을 겪게 될 수도 있다. 한동안 웅크리고 있다가 나오는데 각성이 솟구치는 건 지극히 자연스러운 통과의례 아니겠는가. 그게 자의에 의한 용감한 선택이건 타의에 의한 압박이건, 어쨌든 지나온 삶을 반추하고, 새로운 시각을 받아들이면서 고뇌하고, 준비가 되면 서서히 직면, 극복, 성장의 길로 들어서는 길잡이의 역할을 하는 셈이다.

의존성 성격: 독립적이기를 포기하고 계속 집착하면
공황발작을 면할 수는 있다

의존성 성격장애를 가진 사람은 늘 누군가에게 밀착된 채로 산다. 어느 누구와도 밀착되어 있지 않으면, 대신 결정해 줄 누군가가 곁에 없으면 견디지 못한다. 어느 것 하나 스스로 결정하지 못하기 때문이다. 자기 스스로 태연하게 결정하는 것, 그리고 그 결정에 따른 결과가 나쁘더라도 개의치 않는 의연함을 갖는 것이 마치 '평생 혼자 외롭게 늙어가는 운명'을 스스로 끌어들이는 주문이라고 느낀다. 보호자가 아무리 실망스러워도 감히 실망하지 못한다. 가령 지금의 남자 친구가 자신의 인생에 하등 도움이 될 게 없는 한심한 남자라는 게 분명해도 쉽게 떠나지 못하는 한 여자를 상상해 보자. 남자 친구는 직장을 구해도 '비위에 안 맞아서' 얼마 못 가서 그만두고, 데이트 비용은 당연히 돈을 버는 여자가 내야 한다. 혹여 남자 친구가 자존심 상할까 핀잔은 삼가야 하고, 그가 이만한 일로 기죽지 않도록 그의 먹거리와 입을 거리를 더 정성껏 챙겨야 한다. 그래도 떠나는 게 더 무서우니까, 섣부른 실망으로 갈등을 유발하지 않는다. 기꺼이 다 감수할 수 있다. 그녀에겐 너무 어려운 모든 결정을 그는 잠시의 머뭇거림도 없이 척척 해 주니까. 그렇게 강하고 든든한 사람에게 감히 실망을 하는 건 이기적인 오만이라고 생각한다.

만약 어느 날 문득 정신을 차리고 냉정하게 돌아본다면 어떨까. 자기 인생이 위태로워져 가는 위기를 느끼고 남자 친구를 떠나겠다고 결심한다면 당장 엄습할 두려움 때문에 이를 악물어야 할 것이다. 그가 없으니 이젠 스스로 결정하거나, 아니면 이 사람 저 사람에게 동냥하듯이 묻고 의지해야 할 것이다. 이만한 일로 병원에 가 봐야 하는지, 간다면 어느 병원으로 가야 할지, 안 간다면 약을 먹어야 할지, 심지어 회사 동료가 카풀을 하자는데 응해도 될지, 상사가 사적인 일을 부탁하는데 들어줘야 할지, 행여 안 들어줘서 후환이 있지는 않을지, 건강을 생각해서 요리 학원이라도 다녀야 할지 아니면 먹는 건 대강 사 먹더라도 운동을 꾸준히 하는 게 나을지 등등…. 끝없이 이어지는 판단과 결정의 순간마다 한 사람에게 반복해서 물으면 싫어할 테니 여러 사람에게 골고루 전화를 돌려야 할 것이다. 누군가가 떨떠름한 반응을 보이면 몸과 마음이 오그라들 것이다. 그런 기간이 몇 주 또는 몇 달 이어지다 보면 각성이 급격히 상승할 것이다. 이럴 때 공황발작이 온다면 다시 헤어진 남자 친구에게 구원을 청할 수밖에 없을 것이다. 새로운 대안을 아직 만나지 못했다면. 아직도 일을 구할 생각이 없는 그는 돈도 벌고 희생적이기까지 한 그녀를 두 팔 벌려 환영할 것이다. 그는 다시 이런저런 지적과 핀잔과 조언을 할 것이다. "너는 그래서 안돼. 그걸 그렇게 하면 돼? 이건 이렇게 했어야지." 그리고 그녀는 다시 늪에 빠질 것이다.

강박적 성격: 감정을 철저히 통제하려면
강박적으로 이성에 매달릴 수밖에 없다

강박성 성격 패턴을 가진 사람은 그 누구보다도 감정을 외면한다. 특히 죄책감이나 수치심 등의 감정을 철저히 회피하고 예방한다.

누구나 일상적으로 받아들이고 느끼는 가벼운 죄책감 또는 수치감도 차마 받아들이지 못하고 피하는 성향이 있다. 업무상의 약간의 실수도 용납할 수 없다. 핀잔을 들을 수도 있다는 생각이 스쳐가는 것만으로도 금세 수치감에 휘말릴 듯 초조하다. 그 실수가 다른 이에게 불편을 초래하거나 손실을 입힐 가능성이 엿보이면 죄책감이 이내 턱밑까지 차오른다. 모든 불길한 가능성을 가장 안전하게 차단하는 방법은 완전무결함뿐이다. 세세한 모든 것들을 완벽하게 통제하면서 계속 체크하는 것이다. 물건들의 위치, 일의 순서, 움직이는 방향과 각도까지 모든 게 정해진 대로 정확하게 지켜져야 마음이 놓인다. 모든 일이 계획한 대로 기계처럼 진행되어야 마음이 진정된다. 자기가 관리하는 부하 직원이 정해진 규칙대로 하지 않고서 "이렇게 하나 저렇게 하나 매한가지 아니냐"고 하거나, 심지어 실수를 저지르고도 태연하게 별것 아니라는 듯 무심한 표정을 지을 때 분노가 치밀어 오른다. 저런 얼빠진 자의 나태함 때문에 자신이 죄책감과 수치감의 수렁에 빠지는 마당에 그저 별거 아니라며 웃어넘기라 하면… 끓어오르는 분노를 누르느라 눈알이 빠질 것 같고 억울함을 삼키느라 눈물이 고인다. 참지 못하고 터뜨릴 때마다 "너는 너무 이기적이고 예민하다"면서 모두가 이구동성으로 비난할 게 틀림없으니까 참아야 한다고 배워 왔다. 세상이 내 편이 아니라는 걸 절절히 느낀 적이 한두 번이 아니다. 살아남으려면 자신의 감정들을 철저히 숨겨야 한다는 걸 잘 안다.

짓궂은 농담도 철저히 삼간다. 타인의 치부를 건드리는 농담은 아무리 막역한 사이에서도 금기다. 아무리 가까운 사이라도 막역하게 굴지는 않는다. 가까운 사이일수록 서로에 대한 매너와 배려에 있어서 한 점 스스로 부끄럼이 없을 정도로 신뢰가 단단해야 한다고 생각한다. 허물없는 건 철없는 것과 다름없으며, 감정 가는 대로 행동하는 건 용서받을 수 없는 타락이라 여긴다. 이성이 허용하는 범위 내에서만 움직이는 게 성인이라 확신한다. 지난날에 대한 슬픔에 젖어 드는 것은 싸구려 감상이라 여긴다. 어릴 적의 결핍에 대해 부모를 원망하는 것은 이기적이고 수치스러운 짓이라고 생각한다. 상담 과정에서 어릴 적의 힘겨웠던 순간들을 떠올려 보면 어쩔 수 없이 따라오는 감정은 부모에 대한 원망과 자신에 대한 연민이다.

부모를 원망하고 어린 시절의 결핍에 대해 연민을 느끼는 것이 누구에게나 다소 어색하고 껄끄러울 수 있다. 하지만 그게 그렇게까지 어려울 이유도 없다. 게다가 상담 과정에서 시원하게 풀어 놓고 눈물까지 좀 덜어내고 나면 마음이 한결 가벼워지면서 따뜻함이 채워질 수도 있다. 사실 우리는 원망과 서운함에 친숙하다. 부모, 형제, 배우자, 연인, 심지어 자녀까지 포함해서 가장 가깝고 소중한 이들에게 우리는 쉴 새 없이 서운해하며 산다. 너무 자연스러워서 일일이 다 미안함을 표현하지도 않는다. 사실은 사이가 좋을수록 서운함과 원망이 더욱 자연스럽다. 그런데 강박적 성격 패턴을 가진 사람은 과거에 대해 슬퍼하고 부모를 원망하다 보면 자기 스스로에 대한 통제력을 잃으면서 참을 수 없는 분노로 치달을 것만 같아서, 또는 헤어나기 힘든 절망에 사로잡힐 것 같아서 아예 시작을 하지 않으려 한다. 단 한 사람도 예외 없이 모두가 그렇다 해도 과언이 아니다. 입 밖으로 잘 내지 않는 건 물론이고, 속으로도 아예 그런 생각이나 감정이 일어나지 못하게 차단하는 편이다. 값싼 감정들이 자유롭게 들어오도록 함부로 마음을 열어 주지 않는다. 모든 감정을 이성으로 통제하는 게 삶을 살아가는 진리라고 믿는다.

숨 막히는 통제와 가혹한 질책에 시달리는 어린 시절을 회고하는 남자를 상상해 보자. "어머니가 너무 차갑고 무서웠어요. 집에서는 늘 숨이 막혔어요. 항상 조심해야 했어요. 방 안이 조금만 어질러져 있거나, 조금 더 놀겠다고 욕심을 부리거나, 조금이라도 실수를 하면 입에 담기 힘든 모욕과 가혹한 매질에 시달려야 했어요. 아홉 살이면 아직 뭘 모르는 애인데… 제일 힘든 건, 뭐가 어떻게 되면 잘못인지 아닌지 정확히 알지 못하니까 그저 말과 행동을 최대한 자제하고 늘 눈치를 살피는 수밖에 없었던 것 같아요." 마지못해 여기까지 이야기를 어렵사리 꺼낸 후에 곧 이렇게 정리한다. "하지만 부모님을 비난하는 태도는 가장 못난 짓인 것 같아요. 자신에게 이로울 게 하나도 없지 않을까요." 굳이 말을 해 보라 하니 하긴 했지만 이런 방향으로 더 진행하는 건 어리석다고 믿는다, 아주 철저하게. 왜 그렇게 생각하느냐 물어보면 이유를 거침없이 열거한다. 살아온 모든 발자취가 전부 이성으로 감정을 어떻게 통제하고 살았는지에 대한, 그럼으로써 이 모든 걸 이룰 수 있었다는 확신에 해당하는 이야기들이다. 듣고 나는 감정들이, 때로는 발산해 본 감정들이 그리 해롭지 않았다는 걸 체험한 적이 없다. 이들이 감정을 느끼고 발산하는 경우는 딱 한 가지, 부당하거나 무책임하게 행동하는 타인에 대한 분노뿐이고, 그때마다 항상 자신에게 큰 피해가 뒤따랐기 때문이다. "감정을 발산하는 건 어리석지요. 제가 누구보다 잘 알아요. 규칙대로 하지 않고 자잘한 실수를 반복하는, 그러고도 뻔뻔하게 구는 직원에게 참을 수 없는 분노가 일어서… 제가 참아야 하는데, 그 선을 넘어버려서… 알아요, 제가 잘못인걸. 모든 비난이 제 몫이죠. 그런 일이 반복되지 않도록 어떻게든 방지하고 싶어요. 그래서 상담치료를 받으러 왔잖아요. 어떻게 하면 타인에게 관대하고, 자신에게 좀 더 철저하게, 이기적인 감정을 이성으로 잘 통제할 수 있는지 그 방법을 가르쳐주세요." 이런 사람이 자신의 부모에 대해 원망을 시작하는 건 당연히 곤혹스러울 것이다.

오랫동안 차곡차곡 쌓여서 팽팽해진 각성은
작은 자극에도 크게 동요한다

성격장애의 핵심은 차마 맞서지 못하는 극심한 두려움이다. 자신만의 은신처에 숨어서 여간해서 벗어나지 못하는 것. 벗어나서 세상에 부딪힐 때 감정의 쓰나미가 밀려와 벗어나야 한다는 압박을 받으면 불안이 극에 달한다는 것이 성격장애의 대표적인 특징이다. 이들은 늘 각성이 높은 상태로 살아왔다. 당장의 두려운 직면을 피해 조금은 안도한 가운데 사는 시간이 많기는 하지만 진정 느긋하고 여유로운 상태가 어떤지 잘 모른다. 이들이 어느 시기에 온전한 삶에 직면하게 된다면 각성이 급상승할 것이다. 예를 들어, 회피성 성격을 가진 사람이 아이를 낳기로 했다면, 즉 앞으로 어떻게 전개될지 알 수 없는 변화무쌍한 삶을 받아들이기로 결심한다면 어떨까. 의존성 성격을 가진 사람이 혼자서 유학을 가기로 결정했다면 어떨까. 가족, 친구, 친지들을 다 남겨 놓고 언어와 문화가 낯선 곳으로 떠나 혼자 독립적으로 결정하고 스스로 책임지는 삶을 살아야 한다면? 강박적 성격을 가진 사람이 정말 사랑하는 사람과 결혼을 했지만 배우자가 너무 감수성이 높고 늘 감정을 표현하고 나누려 한다면, 그래서 자신의 감정을 쉴 새 없이 자극한다면 어떨까. 배우자의 힘겨운 감정을 외면하는 건 불붙은 나쁜 감정에 기름을 붓는 격이 되니까 피하지도 못하고 받아들여야 한다면? 이처럼 감정이 오면 오는 대로 가면 가는 대로 몸을 내맡기는 삶을 살도록 강요받는다면 어떨까. 우리가 보기에는 그저 별것 아닌 일상의 평범한 상황이 이들에게는 공황발작이 점화되기 딱 좋은 위기의 상황이다.

중년이 되어 비로소 자아찾기의 필요성을 자각한다

그러나 늦은 건 아니다

C형 성격장애의 특징 가운데 하나는 40대 이후가 되어서야 처음으로 변화의 필요성을 느끼는 사례가 많다는 것이다. 40대 이후에도 C형 성격장애로 인해 상담을 찾는 사람은 여전히 적은 편이지만, 20~30대와 비교할 때 많아진다는 뜻이다. 가장 겁 없이 활기찬 나이에는 자신만의 은신처에 숨어 살다가, 중년에 접어들어 덧없고 쓸쓸하고 울적할 때 비로소 '대체 언제 어디서부터 잘못되었는가' 고뇌하기 시작하는 사람이 많다. 누적된 긴장과 공허함이 자신을 책망하고 압박할 때, 비로소 이대로는 곤란하다는 자각을 한다.

특히 배우자와 자녀와의 관계 갈등이 가장 큰 몫을 한다. 강박성 성격의 아빠는 자꾸 화를 내고 다그치기만 해서 가족들과 따뜻한 감정을 나누지 못하면 점점 소외되는 자신을 느낄 것이다. 세상에 둘도 없이 든든한 훌륭한 아빠가 되겠다는 마음으로 가족들을 실수로부터 지켜 주고 싶었을 뿐인데 가족들이 점점 등을 돌리면 당황한다. 이들은 고뇌에 빠지다가 결국 자신을 돌아보기 시작한다. 회피성 성격을 가진 엄마는 아이를 낳기로 계획할 때 긴장감이 급격히 높아지면서 공황발작을 부르는 위기상황을 맞을 수도 있다. 아이를 낳아 기른다는 건 집 밖으로 나가 많은 사람을 만나고, 다양한 상황에 대처하고 해결해야 한다는 걸 의미하기 때문이다. 학교나 학원 선생님들과 만나야 한다. 때로는 잘 보이려 애쓰거나 적극적으로 의사를 피력해야 할 수도 있다. 다른 아이들의 엄마들과 친분을 쌓아야 하고, 때로는 넉살 좋게 다가가서 도움을 받아야 할 때도 있을 것이다. 마냥 회피하고 과묵하기만 해서 될 일들이 아니다. 활기차게 바깥 활동을 하지 않을 수 없고, 게다가 아이를 잘 보호하고 보살피기 위해 대인관계의 임무를 성공적으로 수행해야 한다. 타인의 평가에 가장 민감한 이들에게는 감당하기 어려운 두려움이다. 자녀가 장성해서 떠날 때에도 위기가 찾아올 수 있다. 아이를 키우는 일은 힘든 만큼 보상도 없지 않다. 기르는 내내 가정 안에 많은 희로애락이 있고 그 덕에 삶에 활기가 돈다. 그러다가 자녀가 떠난 후에는 빈 둥지에 홀로 남겨진 외로움을 감당하기 힘들 수도 있다. 배우자와 사이가 돈독하지 않은 경우 또는 배우자가 사회성이 좋아서 끊임없이 밖으로 나도는 경우 더욱 심각해진다. 회피와 은신이 능사가 아니라는 건 자명하다. 그렇게 오랜 세월 동안 활기찬 삶을 누리지 못하고 살다 보면 울적해진다. 지나온 삶을 돌아보면 공허하지 않을 리가 없다.

또 한 가지 언급하고 싶은 점은, 중년에는 젊을 때에 비해 감정의 파고가 조금 줄어든다는 사실이다. 자연스러운 이치다. 감정의 높낮이는 어릴수록 크고, 나이를 먹으면서 슬픔, 두려움, 긴장을 견디는 힘이 자연히 나아진다. 중년에는 자기 마음의 민낯을 똑바로 직시하고 부딪히는 두려움이 조금은 내려가기에 상담치료를 찾아올 용기도 조금은 커진다. 은신하고 웅크리느라 비교적 제한된 경험을 하면서 살아오긴 했지만 그래도 인간과 삶에 대한 식견은 늘었다. 그 덕에 자신의 삶이 오래전부터 어떠해야 했고 앞으로의 삶이 어떠해야 하는지, 이제는 스스로 조금 더 수긍한다. 이래저래 중년에 비로소 자아찾기에 대한 관심이 증가하면서 상담치료에 임하는 태도가 좀 더 진지하고 적극적일 가능성이 높아진다. 오래 묵은 문제라고 해서 해결이 더 난해한 건 아니다. 그렇기에 늦었다고 생각할 필요가 없다. 직면과 변화에 대해 마음의 준비가 좀 더 잘되어 있다면 늦은 게 아니라 오히려 진정한 극복과 성장의 적기일 수도 있다.

경계선 성격장애는 끊임없이 부딪히며 좌충우돌하기 때문에 공황발작을 면하기 어렵다

세 가지 C형 성격장애들에 비해 경계선 성격장애는 곁에서 보기에도 안쓰러울 정도로 강렬하고 복잡한 감정에 자주 시달린다. 다른 성격장애나 정서장애를 가진 사람들에 비해서도 공황발작을 겪는 사례가 현저하게 높다. 이들은 은신하지 않고 끊임없이 좌충우돌하고 있기 때문이다. 가장 두려워하는 건 가장 믿고 의지하는 이가 자신에게서 멀어진다고 느낄 때다. 그래서 부모, 연인, 배우자와의 관계 패턴이 카오스에 가깝다. 너무 사랑하고 애틋하다가 돌연 분노가 폭발해서 저주의 말을 퍼붓기도 한다. 제발 관심을 기울여 달라고 애원하고 매달리다가도 이럴 거면 당장 사라져 버리라고 엄포를 놓기도 한다. 애착에 대한 믿음과 버려지는 공포 사이를 하루에도 여러 번 왔다 갔다 한다. 세상에 둘도 없이 믿음직하고 따뜻한 사람이라고 믿다가, 조금이라도 눈살 찌푸릴 만한 단서가 발견되면 세상에 둘도 없이 잔혹하고 차가운 사람이라고 단정 짓는다. 이들에게 관계 맺기는 펄펄 끓는데 따뜻한 줄 알고 껴안았다가 가슴에 화상을 입기도 하고, 너무 차가워서 동상이라도 걸릴 듯한데 여간해서 상대 앞에서 위축되거나 기피하는 법이 없다. 언제나 눈 감고 돌진이다. 그러니 감정이 남아날 리가 없다. 공황발작을 피하는 게 더 어려울 것이다.

　사실 경계선 성격장애로 고생하는 사람들은 공황장애가 치유되어도 감정의 고통에서 완전히 해방되는 건 아니다. 공황발작이 아니어도 이미 그에 못지않은 감정의 고통에 자주 시달리고 있었기 때문이다. 외롭고 공허할 때는 차갑고 깜깜한 밤에 폭우를 맞으며 벼랑 끝에 서 있는 절망을 느끼곤 한다. 배려받지 못해서 서운함을 느낄 때는 마치 간교한 계략에 속아서 처참하게 버려진 듯한 배신감에 몸을 떤다. 거울에 비친 자신이 초라해 보이는 순간엔 마치 사랑하는 사람이 금세 실망하고 마음이 떠나버릴 듯한 긴장감이 온몸을 짓누른다. 쉽사리 가라앉지 않는 맹렬한 감정을 진정시킬 방법을 배우지 못했다. 뭘 해야 할지 몰라 안절부절못하다가 자해를 하기도 한다. 그 정도의 자극을 줘야 비로소 주의를 다른 데로 돌릴 수 있기 때문이다.

　공황발작이 어디서부터 비롯되는지 모른다면 큰일이다. 공황발작의 증상을 이해하지 못하면, 행여 공황발작으로 시작해서 자신의 육체와 정신에 끔찍한 일이 일어날지도 모른다고 생각하면 큰일이다. 감정이 쉽사리 가라앉지 않을 때 자해라도 해야 겨우 진정이 되는 사람의 경우에는 특히 위험하다. 공황발작은 가만히 있어 주면 그냥 지나가는 것임을 꼭 배워야 한다. 비록 고통스러운 감정이 영혼을 흔들고 육체를 파괴하는 듯한 기분이 들고, 감정을 가만히 견디는 습관이 부족하기는 하지만, 그래도 공황발작의 증세는 다른 괴로운 감정들에 비해 오히려 빨리, 10분 이내로 가라앉는 성질이 있다는 것부터 어서 배워야만 한다. 공황발작이 쓸고 지나가고 진정된 후에도 각성이 아주 낮아지지는 않으니 충분히 안심되거나 마냥 괜찮지는 않겠지만, 그래도 큰일이 나는 건 아니라는 것만큼은 단단하게 믿어야 한다.

무난하지만 초조한 나날: 정서장애

두려움을 이기는 법은 모르지만 마냥 은신하지는 않는다

정서장애를 가진 사람도 감수성이 높고, 생각이 복잡하고, 감정의 여운이 길다. 그래서 감정의 파고가 높은 편이지만 성격장애를 가진 사람에 비하면 훨씬 덜하다. 특히 성격장애를 가진 사람과는 달리 두려움의 대상을 고집스럽게 회피하지는 않는다. 온전한 삶을 포기할 수 없다는 갈망에 더욱 집중하기 때문이다. 두렵기는 하지만 해 볼 만하다고 느끼고, 반드시 이겨내고 싶어 한다. 두려운 대상에 직면해야 할 때 주저주저하고 엉거주춤하는 때가 많지만, 그렇다고 아예 숨어서 은신하지는 않고 계속 밖으로 나오고 싶어서 기웃거린다. 즉 욕구를 부인하거나 체념해버리지는 않는다. 자주 회피하면서도 계속 원하고 또 원한다. 마냥 두렵다고 숨어 있지 않고, 스스로 찾아다니고 부딪히면서 좌충우돌하기 때문에 자연히 각성이 상승하고 공황발작을 겪는 사례가 적지 않다. 왠지 모르게 우울하고, 이상하게 불안하고, 별것 아닌데 자꾸만 감정이 불편해지는 자신에 대해 늘 의문을 갖고 있다. 언제 어디서부터 왜 이렇게 되었는지 알고 싶어 한다. 도움이 될 만한 책들을 적극적으로 구해서 밑줄 긋고 노트를 정리해 가면서 읽고, 어느날은 용기를 내서 심리치료를 찾기도 한다. 아직 사회에 나오기도 전인 10대부터 심리치료나 심리 서적에 지대한 관심을 보이기도 하고 어렴풋한 흥미를 비치기도 한다.

20대에는 자아찾기에 대한 갈증이 뚜렷해진다. 자립심이 주어지고 세상이 넓어졌으며 기회 또한 많아졌기 때문이다. 게다가 이제 자신에게 맞는 짝을 찾는 난해한 문제도 풀어야 하고, 자기 인생의 진짜 의미를 찾아 확립해야 하는 심오한 숙제를 받아들었기 때문이다. 한편 20대에는 군이 심리상담을 찾지 않다가 30대에 들어서 비로소 찾는 사람도 아주 많다. 20대에는 아직 삶의 무게가 그리 무겁지 않고, 젊다는 이유 하나만으로도 자신감이 넘치는 시기이기 때문이다. 사실은 아직 삶을 덜 겪었기 때문이다. 30대에 들어서면 결혼과 자녀 양육이라는 고된 책임감이 어깨를 무겁게 누른다. 직업에서도 평생 유지할 만큼 단단한 기반을 닦아야 하는 중요한 시기다. 직업 전선에서의 생존이 생각보다 훨씬 치열하다는 것도 알게 된다. 소위 사회에 속한 후로 진짜 어른이 되는 게 어떤 건지 참맛을 보는 시기다. 바탕에 정서장애를 가진 사람은 늘 최선을 다하면서 여러 가지 책임들을 제법 잘 소화해 내지만, 30대 또는 40대에 와서 과부하가 걸리는 경우가 많다. 그때 공황장애가 달리는 자신을 멈춰 세우는 일이 흔하다. 그때는 자신을 돌아봐야 한다. 왜 그만한 일로 과부하가 걸리는지, 쉽게 지나갈 일도 너무 무겁게 안고 끌고 가는 건 아닌지 점검할 필요가 있다.

정서장애가 바탕에 없는 공황장애는 희박하다

사람들이 자주 듣고 흔히 언급하는 우울증이나 각종 불안장애는 모두 정서장애에 해당한다. 가장 흔하고 심각성이 덜하며, 심리치료를 통해 뚜렷한 효과를 보는 심리장애다. 소위 주변에서 흔히 볼 수 있는 '어딘가 조금 예민하고 섬세한' 사람들은 대체로 여기에 해당한다. 특히 공황장애를 겪었거나 겪고 있는 사람들은 거의 한 가지 이상의 정서장애를 동시에 갖고 있다고 봐도 무방할 정도로 흔하다. 표 4에 대표적인 정서장애에 대한 진단기준을 요약해서 정리하였다. 자신이 어떤 종류의 정서장애를 가지고 있는지, 그리고 임상군이나 준임상군 중 어디에 해당하는지 점검해 보시기 바란다. 두 가지 이상을 갖고 계신 분들도 꽤 많을 거라 짐작한다.

성격장애를 가진 사람도 정서장애를 동시에 갖고 있을 가능성이 매우 높다. 예를 들어, 의존성 성격장애에 해당한다면 우울증이나 일반화된 불안장애를 갖고 있을 가능성이 높고, 회피성 성

표 4. 불안 및 우울 계통의 정서장애들에 대한 진단기준

『정신장애의 진단 및 통계 편람(DSM-5)』에 나와 있는 불안 및 우울 계통의 장애들의 진단기준을 간략하게 정리했다. 자신의 성격적 특징이나 자주 겪는 문제가 여기에 해당한다면, 어느 날 갑자기 자신에게 공황발작이 찾아와도 그리 놀랄 일이 아니다. 특히 스트레스를 심하게 겪는 기간에는 공황발작이 점화될 가능성이 매우 높다.

주요우울장애Major Depressive Disorder: MDD
- 우울한 기분에 자주 빠짐
- 전에 좋아하고 즐겼던 것들에 대해 흥미가 떨어지고 즐거움을 잘 느끼지 못함
- 체중/식욕의 급격한 증가 또는 감소
- 불면증 또는 과다한 수면
- 초조함 또는 안절부절
- 이유 없는 피로감 또는 활력의 감소
- 자신이 무가치한 느낌, 괜한 죄책감
- 사고력 저하, 집중력의 감소, 또는 결정의 어려움
- 자살에 대한 생각

이상의 아홉 가지 중에서 다섯 가지 이상을 오랜 기간 겪으면, 그로 인해 사회적, 직업적 또는 일상생활에 큰 지장을 초래하면 우울장애로 진단이 가능하다. 지난 한 해 동안 이 장애를 겪었던 사람이 몇 명인가 조사했을 때, 조사 대상자들의 대략 7% 정도였다고 보고되어 있다.

지속성 우울장애Persistent Depressive Disorder: PDD(기분부전장애, Dysthymia)
- 식욕의 급격한 증가 또는 감소
- 불면증 또는 과다한 수면
- 이유 없는 피로감 또는 활력의 감소
- 낮은 자존감
- 사고력 저하, 집중력의 감소, 또는 결정의 어려움
- 희망이 없는 느낌

이상의 여섯 가지 중 두 가지 이상을 적어도 2년 이상 거의 매일 겪으면, 그리고 사회적, 직업적 또는 다른 중요한 기능 영역에서 심각한 고통이나 손상을 초래하는 경우 지속성 우울장애로 진단이 가능하다. 지난 한 해 동안 이 장애를 겪었던 사람이 몇 명

인가 조사했을 때, 조사 대상자들의 대략 3% 정도였다고 보고되어 있다.

일반화된 불안장애Generalized Anxiety Disorder: GAD(범불안장애)

- 직장, 학업, 돈, 건강, 대인관계 등 각종 일상 활동에 있어서 지나치게 불안해하며 걱정을 한다. 그런 기간이 최소한 6개월 이상이고, 그렇지 않은 날보다 그런 날이 더 많다.
- 한번 걱정이 시작되면 자기 마음대로 잘 떨쳐지지 않는다.
- 다음의 6가지 증상 중에서 적어도 3가지 이상을 겪고 있다.
  - 안절부절못하거나 낭떠러지 끝에 서 있는 느낌
  - 쉽게 피곤해짐
  - 집중하기 힘들거나 머릿속이 하얗게 되는 느낌
  - 과민하고 화가 잘 남
  - 근육의 긴장
  - 수면 장애(잠들기 어렵거나 자다가 자주 깨거나 밤새 뒤척이고 불만족스러운 얕은 수면)

불안, 걱정 혹은 신체 증상이 사회적, 직업적 또는 다른 중요한 기능 영역에서 현저한 고통이나 손상을 초래하는 경우에 일반화된 불안장애로 진단이 가능하다. 지난 한 해 동안 이 장애를 겪었던 사람이 몇 명인가 조사했을 때, 조사 대상자들의 대략 3.8% 정도였다고 보고되어 있다.

사회불안장애Social Anxiety Disorder: SAD(사회공포증, Social Phobia)

- 다른 사람들에 의해 관찰되고 평가될 수 있는 사회적 상황에 대해 뚜렷한 공포나 불안이 있다. (예: 낯선 사람과 대화하기, 타인이 보는 앞에서 먹거나 마시기, 사람들 앞에서 발표하기, 사람들 앞에서 연주하기, 소그룹 토론에 참여하기, 회식이나 파티에서 잘 모르는 사람들과 어울리기 등)
- 다른 사람들에게 나쁜 인상을 주고 부정적인 평가를 받을 것에 대해 민감하게 걱정한다. (예: 굴욕감을 느끼거나, 남이 보는 앞에서 긴장하는 모습을 보이게 되거나, 거부를 당하거나, 타인에게 피해를 주게 될까 봐 등)
- 자신에게 긴장을 유발하는 특정한 사회적 상황에 처할 때마다 거의 항상 심한 불안을 느낀다.
- 자신에게 긴장을 유발하는 특정한 사회적 상황을 어떻게든 회피하려 애쓰거나 또는 강한 불안을 힘겹게 견디면서 지나간다.

이러한 공포, 불안, 회피가 6개월 이상 지속되고, 사회적, 직업적 또는 다른 중요한 기능 영역에서 심각한 고통이나 손상을 초래하는 경우 사회불안장애로 진단이 가능하다. 지난 한 해 동안 이 장애를 겪었던 사람이 몇 명인가 조사했을 때, 조사 대상자들의 대략 7% 정도였다고 보고되어 있다.

강박장애Obsessive Compulsive Disorder: OCD

- 강박사고나 강박행동, 또는 둘 다 존재한다.
- 강박사고는 다음의 1과 2로 정의된다.
1. 자신이 원치 않는 불편한 생각, 충동, 또는 심상이 자신의 의지와 상관없이 제멋대로 올라오고, 자기 마음대로 사라지지 않으면서, 현저한 불안이나 괴로움을 유발한다. 그런 일이 자주 반복된다.
2. 이런 불편한 생각, 충동, 또는 심상이 올라오지 못하도록 억제하려고 애쓰지만 뜻대로 되지 않고, 한번 올라오면 어떻게든 무시하고 외면하려 애쓰지만 잘 안되고, 그렇게 해서 유발된 불안과 괴로움을 어떻게든 중화시켜 보려고 다른 생각이나 행동을 억지로 해 보지만 그 역시 의도대로 잘되지 않는다.
- 강박사고의 예는 다음과 같다.
○ 위생에 대한 강박사고: 세균에 감염되어 심각한 질병에 걸리고 말 거라는 불길한 느낌
○ 공격성에 대한 강박사고: 영화에서 본 잔인한 장면이 자꾸만 떠오르고 잘 사라지지 않거나, 자신이 누군가를 공격할 것만 같다는 느낌이 들면서 이 생각을 지우지 않으면 자신이 정말 행동으로 옮기게 될 것만 같아서 긴장되거나, 전혀 그럴 이유가 없는데도 불구하고 왠지 자신 또는 자신의 가족의 집에 강도가 들어서, 길에서 괴한의 습격을 받아서, 또는 아는 사람으로부터 공격을 당해서 다치게 될지도 모른다는 괜한 걱정을 하는 경우
○ 성적 충동에 대한 강박사고: 아주 일상적이고 자연스러운 성적 충동조차도 매우 비도덕적이거나 비윤리적이라 느끼고 자신에 대해 심각한 수준의 자책을 하는 경우
○ 사건/사고에 대한 강박사고: 길 가다가 머리 위로 뭔가 떨어져서 다칠지도 모른다거나, 교통사고를 당할 수도 있다거나, 비행기가 폭발하거나 고장이 나서 추락한다거나, 집 안의 가스가 폭발하거나 전기가 누전되어서 불이 난다거나, 또는 자연재해로 인해 심각한 피해를 입을지도 모른다는 불길한 상상을 하는 경우
- 강박행동은 다음의 1과 2로 정의된다.
1. 강박사고가 괴로움과 불안을 유발하기 때문에 이를 떨쳐내거나 억제하기 위해 반복적으로 해야 하는 행동을 말한다. (예: 손 씻기, 정돈하기, 확인하기, 기도하기, 숫자 세기, 주문 외우기 등)

2. 불안과 고통을 예방하거나 감소시키기 위한 목적으로 행하는 이런 강박행동은 현실적으로 아무런 의미가 없거나 또는 너무 지나친 것들이다.

강박사고나 강박행동에 너무 많은 시간(하루에 1시간 이상)을 소모하거나, 사회적, 직업적 또는 다른 중요한 기능 영역에서 심각한 고통이나 손상을 초래하는 경우 강박장애로 진단이 가능하다. 지난 한 해 동안 이 장애를 겪었던 사람이 몇 명인가 조사했을 때, 조사 대상자들의 대략 1.2% 정도였다고 보고되어 있다.

질병불안장애Illness Anxiety Disorder: IAD(건강염려증, Hypochondriasis)
- 심각한 신체 질병에 대한 걱정에 사로잡혀 있다.
- 실제 신체 증상은 없거나 있더라도 무시할 정도의 수준이다.
- 건강에 대해 늘 신경을 쓰고 불안해하며, 조금만 이상 증후가 느껴져도 심하게 긴장을 한다.
- 건강을 유지하고 질병을 예방하기 위해서 해야 할 것들을 지나치게 챙긴다.

이렇게 긴장하고 걱정하는 상태가 6개월 이상 지속되며, 사회적, 직업적 또는 다른 중요한 기능 영역에서 심각한 고통이나 손상을 초래하는 경우 건강염려증으로 진단이 가능하다. 지난 한 해 동안 이 장애를 겪었던 분들이 몇 명인가 조사했을 때, 조사 대상자들의 대략 1.3~10% 정도였다고 보고되어 있다.

격장애는 대부분 사회불안장애를 동시에 갖고 있다. 강박성 성격장애는 강박장애, 우울장애 또는 건강염려증을 동시에 갖고 있을 수도 있다. 특히 경계선 성격장애는 우울증, 일반화된 불안장애, 사회불안장애, 강박장애 가운데 하나 또는 둘 이상을 동반할 가능성이 매우 높다.

심리상담을 하다 보면, 공황장애를 겪은 사람들 가운데 정서장애를 전혀 갖고 있지 않은 사람을 만나기가 더 힘들다. 많은 사람에게 공황장애는 심리치료의 높은 문턱을 비로소 넘게 하는 계기가 되는 것 같다. 대부분의 사람들이 심리상담이 진행되는 도중에 공황장애가 정말 공황장애만의 문제가 아님을 절절하게 느낀다. 그리고 정서장애의 치유는 결코 어렵지 않다. 누구나 자신의 속마음을 이해하고 싶은 호기심이 살아 있고, 나아가서 자신의 변화를 진심으로 원하기만 하면 틀림없이 결실을 보게 된다.

감수성은 타고나는 기질이다

감수성은 타고나는 기질이라는 데에는 학자들 간에 이견이 없다. 어느 정도는 배우고 익히면서 키워 갈 수 있고, 그래서 감성 지능을 발달시키는 것이 가능하기는 하지만, 타고나는 기질이 잘 변하지 않는다는 데에 동의한다. 심리학에서 오래전부터 헤아릴 수 없이 많이 연구된 주제가 '행동 억제 기질behavioral inhibition'이다. 아직 걷기도 전인 영아 또는 막 걷기 시작한 유아를 대상으로도 생리적인 각성의 정도를 측정해서 행동 억제가 많은 아이들Behaviorally inhibited children과 행동이 앞서는 아이들Behaviorally uninhibited children을 구분할 수 있다. 행동 억제가 많은, 즉 감수성이 높은 쪽으로 분류된 30% 정도의 아이들은 조심성과 경계심이 더 많고, 겁을 더 쉽게 먹으며, 즉흥적으로 행동하기보다는 일단 주저하고 머뭇거리는 특징을 보인다. 이 아이들이 성장한 후까지 기다렸다가 초등학교, 중학교 및 고등학교 시기에 다시 조사해 보면, 어김없이 수줍음이 많거나, 남 눈치를 많이 살피거나, 걱정 근심이 많으면서 동시에 따뜻하고, 친절하고, 배려와 공감을 잘하며, 섬세한 성격을 갖고 있다. 특히 청소년기와 성인 초기에 사회불안장애, 일반화된 불안장애, 우울증, 또는 강박장애 등을 겪고 있는 이들은 거의 대부분 영·유아기에 '행동 억제' 그룹으로 분류된 사람들이었다. 심리학계에서는 감수성이라는 타고난 기질은 세월이 지나면서 쉽게 변하지 않고 그대로 유지되는 것, 즉 노력해서 바꿀 수 없는 것으로 결론을 내렸다. 사회불안으로 인한 불편함을 극복하거나 감소시키는 심리치료법이 개발되어 탁월한 효과도 수없이 검증되었으나, 감수성이 높은 기질을 낮은 기질로 탈바꿈시키는 치료는 불가능하다는 데에 모든 학자가 동의한 지 오래되었다.

남을 살피면서 행동을 조심하는 건 자신이 힘들지 않기 위함이다

행동 억제가 많은 이유는 감정의 불편함이 크고 여운이 길기 때문이다. 사람이 사람 앞에서 긴장을 하거나 생각이 많아지는 이유는 주로 창피함이나 미안함 때문이다. 나를 좋아해 주기를 바라기에 멋져 보이려고 신경을 쓰는데 뜻대로 되지 않으면 창피해진다. 나를 미워하지 않기를 바라기에 미안할 일을 하지 않으려 조심하는데 일을 그르치면 죄책감을 느낀다. 창피하거나 미안할 일이 생기지 않으려면 행동을 주의 깊게 단속해야 한다. 창피해지거나 미안해졌을 때, 돌아서서 감정의 여운이 길게 늘어지면 그 일에 대한 생각을 자꾸 되풀이하게 된다. 상대는 돌아서서 잊지만 나는 잊지 못한다. 그런 기질을 타고난 사람들이 자신의 행동을 더 주의 깊게 단속하는 건 당연하다. 그렇기에 행동을 주저하고 생각을 복잡하고 반복해서 하는 습성이 강해진다. 반대로 감정의 여운이 짧으면 행동에 막힘이 없다. 하고 싶으면 일단 하고, 결과가 썩 좋지 않아도 길고 복잡하게 생각하지 않으니까 마음이 많이 불편하진 않다. 그렇기에 다음에 행동이 위축될 일이 없다. 잠시 불편해져도 불편한 감정에 오래 젖어 있지 않기 때문에, 다음에 만나면 아무 일 없었던 듯 행동할 수 있다. 불편한 게 잘 풀리지 않는다 해도, 어차피 세상에 사람은 많고 자신은 누구에게나 쉽게 다가갈 수 있다. 만약 잃고 싶지 않은 사람과 불편해진다면, 갈등을 해결하는 데 있어서도 이런저런 눈치 안 보고 직진하면서 돌파한다. 그래서 이래저래 괜찮다. 소위 '쿨한 사람'은 그렇게 행동이 앞선다.

높은 감수성을 타고난 아이들은 상처를 더 깊이 받고 자기 의심에 더 깊이 빠진다

인간은 신체적으로나 심리적으로나 한없이 나약하다. 어떤 한 사람의 무조건적이고 절대적인 보호와 보살핌이 없으면 쉽게 공포에 사로잡힌다. 그럴 때 타인 앞에서 왠지 자신의 존재가 부끄럽거나 미안하게 느껴진다. 이것은 어른이나 아이나 똑같은데, 다만 어린아이의 경우 그 충격이 비교할 수 없을 정도로 강렬하다. 게

다가 감수성이 높은 아이들은 다른 아이들에 비해서 더 깊이 상처 받는다.

자존감은 내가 나로서 이만하면 괜찮다는 느낌이다. 부족하기는 하지만 여전히 타인이 관심과 호감을 가질 만한, 언제까지나 곁에 있고 싶어 할 만한, 좋은 건 함께 나누고 나쁜 건 힘을 합쳐서 해결하고 싶어 할 만한, 자신이 그런 존재라는 막연하면서도 확고한 느낌이다. 그런 느낌이 아주 어릴 때 내면 깊은 곳에 단단하게 자리를 잡아야 한다. 부모가 아이를 양육하는 과정에서 그런 확신을 심어 주지 않으면 아이는 자기를 의심하게 된다. 자기 존재 자체가 어딘가 부족하거나 왠지 비호감이라서 또는 모든 인간은 원래 타인에게 무의미한 존재라는 인식이 무의식 깊은 곳에 새겨진다. 그리고 그런 뿌리 깊은 의심은 특별한 계기가 없는 한 평생 자신을 따라다닌다. 감수성이 높아서 감정의 여운이 길고 생각이 복잡한 아이들의 경우, 이런 상처가 더 크고 깊을 수밖에 없다. 자기 존재에 대한 의심이 가랑비에 옷 젖듯이 서서히 영혼을 물들이면 정서적으로 쉽게 흔들리는 아이가 된다. 바람이 불고 나뭇잎이 흔들리기만 해도 밑동과 뿌리까지 찬바람이 스며드는 기분이 든다.

짐스럽고 못되고 못났다는 느낌: 우울증의 뿌리

아이는 자신의 존재 가치에 대해 의구심을 갖는 일이 없어야 한다. 관심, 이해, 공감, 지도, 애정, 보살핌이 부족하면 아이는 의구심에 시달릴 수밖에 없다. 부모가 자신의 관심사에만 몰두해서, 공감 능력이 부족해서, 먹고 살기 바빠서, 또는 단순히 지식과 지혜가 부족해서 그럴 수도 있다. 큰 상처가 아닌 듯하지만 이 정도의 결핍으로도 아이는 자기 존재 가치에 대한 의구심을 평생 간직하고 살 수도 있다. 좀 더 심한 경우, 정상적으로 성숙하지 못한 부모가 종종 아이를 짐스럽게 느끼거나 미워하기도 하는데 그럴 땐 아이가 부모에게서 전해져 오는 미움 또는 싸늘함을 감지하고 깊이 상처받는다. 아이를 방치하면서 그걸 전혀 미안해하지 않고, 심지어 아이가 무서워할 수도 있다는 것조차 인정하지 않으면 아이는 늘 얼어붙고 쭈뼛거리게 된다. 게다가 간혹 곁으로 다가온 아이에게 차가운 시선으로 핀잔을 주면 아이는 물러나거나 혼자 웅크리고 앉아만 있게 된다. 그렇게 아이는 그저 짐스럽고 못된 사람이라고 생각하게 된다. 이 모든 과정이 무의식중에 일어난다.

이런 아이라고 하여 늘 침울해하진 않는다. 아이답게 친구들과 신나게 놀기도 하고, 이모나 삼촌이 놀러라도 오면 밝아질 것이다. 그러나 다들 떠나고 다시 혼자가 될 때마다 허전함이 마음에 번질 것이다. 이런 아이가 부모를 섬기면, 즉 말없이 있음으로써 성가시게 하지 않고, 바라지 않음으로써 화나게 하지 않고, 야무지게 도움으로써 부모를 흡족하게 하면 자신의 존재가 조금은 쓸모 있다고 인정받는 기분이 들 것이다. 어쩌다가 나이에 걸맞게 바라거나, 울거나 찡얼거리면 되려 부모에게서 된서리 또는 싸늘한 시선이 날아들었다. 아이로서 당연한 감정들일 뿐인데 여과 없이 드러낼 때마다 처벌을 받았던 아이는 자신이 악의 근원이라도 되는 것처럼 느끼게 된다. 이런 아이들이 밖에서는 칭찬받는 일이 많다. 착하고 성숙하니까 주목받고 인정을 많이 받는다. 그런데 집에서 그런 따뜻한 칭찬이 낯설었던 아이들은 못난 자신을 밖에서는 왜 반겨 주는지 늘 의아해할 것이다. 사랑을 많이 받은 사람들은 여유로우니까 그저 정을 좀 나눠 주는 것이라 느낄 수도 있다. 이유야 무엇이건 조금의 따뜻함을 다시 느끼고 싶은 건 당연하다. 이들은 칭찬받기 위해서 자꾸 노력한다.

존재감을 얻기 위한 간절한 노력은 존재감이 없다는 걸 스스로에게 세뇌시키는 셈이다

자기 의심에 깊이 빠진 아이들은 자신의 존재감을 스스로 증명하고 납득하기 위해 일생을 바치게 된다. 무의식중에 자신만의 불문율이 만들어지고 철저하게 그에 따라 행동한다. 자신이 왜 그리 행동하는지 잘 모르지만 그렇게 하지 않으면 너무 초조해서 견딜 수 없게 된다. 불문율 하나, 자신의 욕구와 감정들을 스스로 알아주기보다는 외면한다. 된서리와 싸늘한 시선을 피하려다 보니 그렇게 습관이 되었다. 대신, 타인의 욕구와 감정은 민감하게 감지하고 정성껏 보살펴야 한다. 그렇게 해야 그나마 분위기가 조금 덜 싸늘했었기 때문이다. 그런데 한참 잘 지내다가도 어느 날엔 문득 서운하고 허전하다. 자신이 남을 보살피듯 남들은 자신을 보살피지 않는다는 걸 자각한다. 그럴 때마다 존재 가치가 미약하다는 걸 다시 절실히 느끼지 않을 수가 없다. 불문율 둘, 언제나 남에게 환영받는 모습을 갖춰야 한다. 못난 모습을 없애야 하고, 없애지 못하면 감춰야 한다. 항상 나아지기 위해 노력하지 않으면, 나아지는 게 느껴지지 않으면 불안해진다. 나쁜 모습을 없애야 하니까 나쁜 마음을 되도록 먹지 말아야 한다. 어릴 적에 늘 그랬듯 악의 없는 농담조차도 실수로 상처를 줄 수 있고 그러면 다시는 환영받을 수 없다고 생각하니까 항상 조심스럽고 부드럽고 예의 바르게 행동하는 게 습관이 되었다. 그런데 때로는 당당하고 자연스럽게 악의 없는 농담을 여유롭게 주고받는 사람들이 부럽다. 그런 사람들이 더 환영받는 걸 보면서 혼란에 빠지기도 한다. 이때도 역시 자기 존재감 자체를 탓하지 않을 수가 없다. 그것 말고는 자신을 납득시킬 만한 이유를 알지 못한다.

누구에게도 특별한 존재가 아니라는 느낌, 빈껍데기 삶이라는 느낌이 점차 굳어져 간다. 아니라고 부정하면서 부단히 노력하지만 결국은 늘 제자리로 돌아온다. 노력해서 얻는 것도 많기는 하다. 사람들이 알아주고 칭찬해 주고 가까이 다가와 준다. 그런데도 늘 공허하다. 일에서, 사회생활에서, 친구들 사이에서, 가족 내에서도 많은 성취를 이루었고 심심치 않게 인정을 받았으면서도 여전히 존재감에 대한 의구심이 사라지지 않는다. 아직도 누군가에게 절대 잊히지 않는 무엇이 되진 못한 것 같다.

누구보다도 잘 살고 있음을 자타가 공인한다
그런데 웬 공황장애…?

남 보기엔 이보다 더 잘 사는 사람이 없어 보인다. 과묵하고, 진중하고, 성실하고, 배려심 있고, 끈기 있고, 이해심 많고, 인내도 잘한다. 실제로 일에서나 관계에서 얻는 게 많아 보인다. 때때로 왜 자신 없어 하고 가끔 어둡고 생기가 부족해 보이는지 이해가 되지 않는다. 이는 본인 스스로도 이해가 잘 안 될 것이다. 잘하고 있고, 잘되고 있는데 왜 자꾸 불안하고 왜 종종 깊이 낙담하는지 알 수가 없을 것이다. 사실 삶이란 게 그렇게까지 몸과 마음에 힘을 주지 않아도 그럭저럭 살아지는 것이고, 다들 조금씩 부족하기에 서로를 받아주고 좋아하는 건데 그걸 모른다. 마음 안에 각성이 차곡차곡 쌓이지 않을 재간이 없고, 그걸 스스로는 알 길이 없다. 그러다가 어느 날 갑자기 공황발작이 찾아오면 마치 최후의 심판처럼 느낄 수도 있을 것이다. 인생 최초에 얻어맞았던 잔혹했던 심판, '짐스럽고 못되고 못난 아이'에서 벗어나려고 안간힘을 썼지만 결국 실패했고, 이젠 최후의 심판을 받는 기분이 들지도 모른다. 자신의 삶과 육체가 영혼에게 싸늘한 시선을 보내고 있는 기분이 들지도 모른다.

이 사람이 공황장애라는 겉모습만 배우고 치료한다고 해서 그걸로 과연 충분할까? 물론 공황장애는 인지행동치료 지침서를 따라가기만 해도 치료가 가능하다. 하지만 어린 시절부터 자신의 인생 전체를 돌아보고 무의식 안의 심리를 들여다봐야 비로소 공황장애가 완전하게 납득이 된다. 자신의 심리에 무엇이 숨어 있고, 어떻게 발달해 왔고, 무의식중에 어떻게 작동하는지 통찰하고 받아들이면 어느 날 느닷없이 찾아온 공황장애가 납득이 된다. 그러면 공황장애의 치유는 훨씬 빨라진다. 납득이 된 것만으로도 공황장애는 거의 다 치료된 거나 다름없다. 공황발작이 오면 '그래, 왔구나, 그럴 만도 했지.' 생각해 주고, 그저 백 미터 달리기 한 번 한 셈 치고 잠시 쉬고, 진정이 되면 다시 일상을 살면 된다는 걸 잘 받아들인다.

일반화된 불안 및 질병불안

나는 혼자이고 세상은 위험하다는 느낌: 일반화된 불안의 뿌리

부모가 곁을 지켜 주는 아이들은 세상이 위험한 곳이라는 느낌을 전혀 모르는 채 성장한다. 누구나 그래야 한다. 그런데 겪지 말아야 할 위기를 겪는 아이들이 있다. 혼자 방치되는 시간이 많으면 아무 일이 없어도 세상이 두렵다. 무심한 부모는 아이에 대해 아무런 걱정도 없지만 아이는 혼자 위기에 빠져 시름한다. 심지어 엄마가 곁에 있어도 자애로운 표정으로 지켜봐 주지 않으면 아이는 안전하다고 느끼지 못한다. 언제 버려져도 이상할 게 없다는 끔찍한 착각을 하며 공포에 젖을 수도 있다. 놀랍게도 이는 무의식중에 일어나는 일이다. 아이는 자신이 무엇을, 왜 두려워하는지 알지 못한다. 너무 어리니까! 아무 일도 일어나지 않았지만 불안에 사로잡힌 채 차가운 시간을 견뎌야 하는 일이 일어난 거다. 주위 어른들은 다들 자기 할 일로 바빴고, 말 없는 아이는 늘 괜찮아 보였다. 아이는 왜 불안한지 모른 채 불안에 젖어서 살았고, 그 사이 세상은 위험하고 자신을 도와줄 사람은 어디에도 없다는 생각이 점점 굳혀졌다. 좋지 않은 사건 사고가 언제 일어나도 전혀 이상할 게 없다는 기분에 점점 익숙해져 갔다. 불안할 때 누군가가 안아 주고 다독여 주면 곧 진정되는 경험을 하지 못했기에 불안이라는 건 해결할 수 없는 끔찍한 것이었다. 아이의 마음 깊은 곳에 이런 믿음이 새겨졌다. '세상은 위험한 곳이야. 난 혼자야. 나는 내가 지켜야 해. 나는 부족하고 나약해. 그러니까 조금이라도 불미스러운 일이 생기지 않도록 미리 조심하는 게 최선이야.'

우리는 앞뒤 순서가 바뀌었다는 점에 주목해야 한다. 사건 사고를 겪고 나서 세상을 무서워하기 시작한 게 아니다. 아무 일도 겪지 않았지만 아이가 불안해하기 시작했다. 세상이 나쁜 짓을 하지 않았는데 아이는 세상이 위험하다고 생각하게 되었다. 아이의 감수성이 높았고, 혼자 있어야 했던 시간이 많았고, 아이의 예민한 감정을 부모가 충분히 들여다보지 않았다. 그뿐인데 감당하지 못할 만큼의 불안이 올라왔고 쉽게 가시지 않으니까 자신에게 안 좋은 일이 생길지도 모른다고 생각하게 되었다. 자신의 감정으로 현재의 세상과 앞으로 닥칠 미래를 진단한 것이다. 그게 아이들이다. 그런데 그렇게 배운 걸 어른이 되어서도 그대로 하는 사람들이 있다. 일반화된 불안장애를 가진 사람들의 이야기다. 자신이 불안을 느끼는 걸 근거로 해서 현재 상황에 위험이 도사리고 있고 앞으로 나쁜 일이 일어날 거라고 진단한다. 물론, 무의식중에 일어난다. 의식은 그렇게까지 나쁜 생각을 하지 않았다고 극구 부인하고, 그렇게 극단적으로 비합리적인 생각을 할 만큼 생각이 짧지 않다고 강변한다. 그들의 의식은 그저 있을 수 있는 나쁜 일에 대해서 미리 점검하고 조심스레 대비하는 건 현명하다고 말한다. 자신의 무의식이 얼마나 아이처럼 겁내고 있는지 잘 모르고 있다.

걱정 많은 아이가 아프기까지 하면 세상살이가 더욱 무거워진다
감수성이 높고 예민한 어린아이가 힘겨운 질병에 시달리기까지 하면 혼자라는 느낌과 불안이 조금 더 커진다. 아무리 극진한 보살핌을 받아도 힘든 질병과 싸우는 아이는 고독하다. 다들 건강하게 모여 앉아서 밥 먹고, 놀고, 일하고 있을 때 자기 혼자 죽음이라는 주제에 맞닥뜨리고 있는 기분이다. 외로운 아이는 사람들에게 괜히 서운함을 느낀다. 세상살이라는 건 무거운 짐을 지고 거칠고 구불구불한 길을 헤치면서 나아가야 하는 무거운 여정이라고 느끼기도 한다. 힘겨운 질병까지 견뎌야 했던 아이는 똑같이 걱정을 해도 더 무겁게 걱정하고 자신감도 더 부족하기 마련이다.

안전을 확보하기 위한 간절한 노력은, 위험하다는 걸 스스로에게 세뇌시키는 셈이다

나쁜 일이 정말 많았던 건 아니다. 더러 나쁜 일들이 있기야 했지만 그걸로 파국은 아니었다. 회복이 되지 않은 적은 없었다. 하지만 아주 어릴 때부터 죽는 것 다음으로 싫은 게 불안이었다. 안전하지 않다는 불길한 느낌은 너무 끔찍했다. 불안이라는 감정을 필사적으로 차단하는 게 가장 간절한 삶의 목표가 되었다. 인생 내내 자나 깨나 무의식중에 작동하는 절대적인 소망이 되었다. 그래서 불안을 원천 봉쇄하기 위한 대처방식들이 발달하고 분화했다.

뭐든지 확실해야 했다. 불확실한 모든 것은 위험이나 다름없다고 느꼈다. 어떤 일이건 어찌 흘러갈지, 결과적으로 어떤 일이 벌어질지 항상 예측이 가능해야만 마음이 편했다. 행여 있을지 모르는 모든 돌발적인 요소들에 대해서 미리 헤아리고 늘 경계해야했다. 사람들 역시 잠재적인 위험이라고 생각했다. 어느 누구에게도 경계를 풀지 않았다. 사람들의 감정을 건드리지 않기 위해 늘 조심해야 했다. 예의범절과 매너에 각별한 주의를 기울였다. 확실하게 내 편이 되어 줄 사람이라고 믿기 시작하면 그를 실망시키지 않으려고 최선을 다했다. 그에게 내가 어떻게든 쓸모 있고 도움이 되는 존재로 인식이 되어야 했다. 따라서 나에 대한 그의 기대치를 파악하는 건 필수다.

사건, 사고, 질병, 거절, 무시, 소외, 수치감, 죄책감 등을 완벽하게 예방해야 하는데 긴장 풀고 넋 놓고 있다가 돌발 사태가 덜컥 생기면 어쩔 건가. 안 좋은 일이 생겨도 넉살 좋게 웃어넘기는 사람들이 부럽기도 했다. 난 왜 그렇게 하지 못하는지, 왜 늘 긴장하고 사냐며 스스로를 핀잔할 때도 있었다. 하지만 그런 생각은 잠시뿐이다. 이렇게 늘 걱정하고 살았기에 내가 이 정도의 안전을 확보했고, 이 정도로 많은 성취를 이루고, 이만큼 좋은 사람들을 가까이에 두고 살고 있는 거라 믿는다. 걱정이 없고 느긋한, 넉살 좋게 잘 넘어가는 사람들은 대체로 게으르다. 그들의 여유가 부러울 때가 있긴 하지만 그들처럼 되고 싶진 않다. 걱정하지 않는 내모습은 너무 낯설다. 솔직히 조금 한심하게 느껴진다.

걱정하는 게 걱정하지 않는 것보다 낫다. 때로는 내가 지금 무엇을 불안해하고 있는지 몰라 당황할 때도 있다. 분명 불안한

데 불안한 이유를 모를 때 더욱 불안하다. 가까운 이를 붙잡고 하소연하고 싶지만 딱히 무엇을 불안해하고 있는지도 모르면서 징징거리면 지겹다고 날 밀어내지 않을까 두렵다. 그저 익숙한 대로 꾹 참으려니 누구에게도 이해받지 못하고 있다는 서러움이 북받친다. 가까운 이가 늘 곁에 있는데도 외롭다. 그러고 보면 오늘도 어제와 다르지 않고, 내일도 오늘과 다를 것 같지 않다. 가만히 돌아보면, 어릴 때부터 늘 그랬다. 내 곁에 아무도 없었고 난 항상 불안했고 서러웠다. 언제나 불안이 마음 안에 둥둥 떠다녔다. 내 인생 내내 한결같이. 불안이 없는 안전한 세상은 언제나 오려나. 대체 얼마나 더 조심하고 조심해야 안전해지려나.

가장 안정감 있어 보이는 사람이 가장 불안해한다
그리고 결국 공황장애까지…

불안장애는 일시적인 열병이 아니라 고질화된 습관이다. 어릴 때부터 만성화된 습관이라서 매사에 걱정을 하지 않는 게 어떤 건지 잘 모른다. 걱정할 만한 일이 없어도 걱정하는 게 더 편할 정도니까, 걱정이 습관이라는 말이 딱 맞다. 그런 만큼 장점도 무수히 많다. 가장 눈에 띄는 건 둘째라면 서러울 책임감과 헌신이다. 완벽주의적인 꼼꼼함은 기본이다. 무슨 일을 맡아도 주인 의식을 갖고 일한다. 옆에서 독촉을 할 이유가 없다. 조금이라도 실수가 생기거나 일의 진행이 흐트러지면 자기 스스로 괴로워하기 때문이다. 옆에서는 그저 위로하고 격려하면 그만이다. 주위 사람들을 실망시키는 경우가 별로 없으니까 어딜 가나 환영받는다. 어떤 일을 하건 완성도가 높다. 직장이나 대인관계 모두 안정적이다.

누구보다 안정감 있게 살고 있는 사람이 늘 불안해한다. 게다가 자신에게 별로 너그럽지 않다. 조금의 실수와 약간의 흐트러짐도, 살면서 누구에게나 찾아오는 작은 불운도 잘 견디지 못한다. 자신에게 여유를 허락하지 않는다. 누구보다 간절히 여유를 원하지만, 조심할 거 다 조심하고 신경 쓸 거 다 신경 쓰다 보면 여유를 부릴 짬이 없다. 대인관계도 대체로 원만한데 늘 걱정을 놓지 못한다. 주로 다른 사람들이 자신에게 실망하거나 서운하지는 않았을지 염려한다. 오래 고민한 결과 별일 아니니까 괜찮다고 결론 내려놓고 다음 날 문득 정말 괜찮은지 다시 점검할 필요가 있다고 느낀다. 남들이 보기에는, 게다가 자신이 스스로를 돌아보아도 일이나 대인관계는 물론 건강이나 경제적으로도 아무 탈이 없다. 긴장하고 걱정할 일이 없고, 다 잘 돌아가고 있다는 건 잘 안다. 그렇기에 자신의 내면에 오랜 기간에 걸쳐 각성이 차곡차곡 쌓이다가 턱밑까지 차오른 채로 살고 있어도 그걸 스스로 자각하지 못한다.

어느 날 느닷없이 공황발작이 오면 화들짝 놀란다. 어느 누구보다 더 크게 놀란다. 예기치 못한 불운에 가장 익숙하지 않은 사람들이기에 가장 많이 놀란다. 그렇게 조심하고 또 조심했는데 이런 일이 벌어지다니. 일, 사람, 돈, 사건, 사고를 신경 쓰느라 자신의 몸을 미처 돌보고 예방하지 못했다는 자책이 솟구친다. 충분히 돌보면서 예방에 힘쓰기는 했지만 완전하지 못했다고 자책한다. 물샐 틈이 없는 방어를 해도 잠시 방심한 틈에 허를 찔린 듯한 허탈함에 빠진다. 망연자실이다. 역시 세상살이란… 무서운 괴물이라는 걸 확인한다. 나는 혼자이고 어떤 나쁜 일이 생겨도 이상하지 않은 게 세상살이인 걸 일찌감치 알았지만, 그렇지 않다고 믿으려 애쓰고 또 애썼다. 하지만 결국은 받아들이는 수밖에 없다고 느낀다. 살아오는 내내 크게 잘못된 일은 사실 없었다. 대범하게 큰일을 도모한 적은 없지만 대부분의 일을 다 잘 해왔고 대체로 잘 풀렸다. 그런데 긴장을 내려놓고 살았던 적이 없었다. 어디서부터 다시 배워야 할까. 자신에 대해서, 인간에 대해서, 세상에 대해서, 삶에 대해서.

사회불안

나약하고 보잘것없고 소중하지 않아서 외면당하는 느낌: 사회불안의 뿌리

나는 늘 주위를 너무 살폈다. 뭘 하고 싶어지면 항상 주저했다. 혼자 알아서 잘 놀지 못하고 늘 엄마 꽁무니를 눈으로 쫓아다녔다. 아주 어릴 때, 한때는 그랬다. 그러다가 자주 외면을 당했고 주눅이 들었고 그 후로는 눈치를 더 살피게 되었다. 모두가 그런 나를 나약하다 했다. 나약한 아이는 사람들에게 짐이 된다는 걸 배웠다. 치사한 것 같아서 다 체념했고, 늘 '저리 가서 혼자 가만히' 있었다. 혼자 주눅 들어서 외로울 때 누가 먼저 다가와 주면 마음이 따뜻해지곤 했다. 세상에서 가장 무섭고 독한 게 외로움이다. 투명인간, 보릿자루, 짐짝, 그런 단어들이 남의 일 같지 않았다. 내가 꽁무니를 따라다니면서 알짱거리지 않고 '저리 가' 있을 때 세상이 더 평화로웠다.

어떤 아이들은 누가 봐도 매력이 있어서 주목을 받았고, 나는 사람들의 시선이 닿지 않는 그늘진 곳에서 부러워했다. 보잘것없는 내가 함부로 나설 자리가 아니라고 느꼈다. 어떤 아이들은 잘하지는 못하지만 너스레를 떨었고, 그게 통하는 걸 보았다. 사람들이 여전히 유쾌하게 웃으면서 주목해 주었다. 그 아이는 존재 자체가 소중하게 느껴졌다. 그 아이와 난 좀 다르다는 걸 진작 알았다. 나는 괜히 나섰다가 주목을 끌지 못하면 차가운 시선을 받아야 한다는 걸 알았다. 나는 존재 자체가 소중하지도 않고, 특별히 매력적인 것도 아니고, 심지어 나약하기까지 하다. 그래서 서운함은 매번 나의 몫이었다.

세상은 참으로 치사하고, 사람들은 냉정하고, 나는 번번이 부끄러웠고, 마음 깊이 서러움이 고였다. 물론 내 마음 안에서 그런 일이 일어났다는 걸 난 모른다. 무의식 안에 깊이 깔린 부끄러움, 외로움, 서러움을 난 알아차리지 못한 채 살아왔다. 한 가지 이유는, 자나 깨나 늘 잊으려 애썼기 때문이다. 또 한 가지 이유는, 안 그래 본 적이 없기 때문이다. 어릴 적부터 줄곧 불안과 외로움 속에 살았다. 여유롭고 따뜻한 봄날을 지내 본 적이 없었다. 불안과 외로움에 너무 익숙해지면 불안과 외로움 속에서 살고 있음을 인지하지 못한다. 각성이 오르고 누적되는 걸 스스로 알지 못한다.

뛰어나기 위한 간절한 노력은, 보잘것없음을 스스로에게 세뇌시키는 셈이다

소중하지 않아도 애써 서운하지 않으려 했다. 원망해 봐야 나만 손해였다. 예민하고 나약하기 그지없는 아이라는 것만 되새기고 더 서러워지니까 체념하는 게 나았다. 나만 혼자 서러웠고 다들 내가 아픈지 외로운지 두려운지 신경도 쓰지 않았다. 괜찮아 하면 그제야 인정해 주었다. 그래서 바라지 않음으로써 서운해지지 않으려 했다. 하지만 사람들과 가까이 있고 싶었다. 소외되면 너무 무섭고 서러우니까 환영받으면서 가까이 있을 만한 방법을 찾아야 했다. 방법은 의외로 간단했다. 나는 바라지 않고 남이 바라는 대로 해 주면 되는 거다. 그런 나를 굳이 외면할 이유가 없다. 받기보다는 주는 게 확실히 안전하다. 받다가 더 이상 못 받으면 무너지겠지만, 주다가 그만 주기로 하면 내가 무너질 일은 아니다. 내가 요구하면 싫어하지만 내가 맞춰 주면 좋아들 한다. 눈치를 잘 살피는 재주는 타고났으니 결코 어려운 일이 아니다. 그런데 이상하다. 주는 내가 왜 자꾸 더 서운해질까? 받는 사람들이 되려 받다가 그만 받아도 상관없다는 태도다. 나에게서 바라는 게 없다는 것 아닌가. 자꾸 주는 내가 오히려 그들만 바라보는 해바라기가 된다. 사람들은 나를 아랑곳하지 않는다. 이런 생각까지는 정말 안 하려고 했는데, 내가 매력이 없어서 그런가 보다. 매력이 뛰어난 사람들은 먼저 다가가지 않아도 사람들이 몰려든다. 심지어 자기는 관심도 없고 아쉬울 것도 없다는 거만한 태도를 취하는 데도 사람들이 가까이에 있으려 한다. 그에 비하면 나는 너무나 초라하고 부끄러운 존재다.

뛰어나면 주목받는다는 걸 배웠고 마음에 깊이 새겼다. 나는 보잘것없는 존재라는 걸 잊어야 했다. 그럴 리가 없다고 부정해야 했다. 그래야 마음이 누그러지고 살아갈 동력을 얻었다. 어딜 가나 주목받는 존재로, 모든 이의 시선을 빨아들이듯 사로잡는 뛰어난 존재로 거듭나기로 했다. 그 정도가 아니면 무의미하다. 조금 관심을 받다가 이내 시들해지면 그 서늘함을 견딜 수 없다. 내가 돌아서도 그들의 시선은 여전히 내게로 머무를 정도로 뛰어나야만 안정감이 생긴다고 믿었다. 연약함을 철저히 감추고 매력과 능력을 극대화하기 위해 불철주야 신경을 곤두세웠다. 일등만 기억하는 세상이라고 불평할 일이 아니다. 일등이 독차지하는 세상이니까 안성맞춤이다. 불공평함을 누리면 되는 것이다. 모든 이의 사랑과 인정을 한 몸에 받는 전율의 순간에는 삶이 정지해도 좋다. 그런 순간을 습관적으로 꿈꾼다. 공상이 습관이 되었다. 늘 무대 위에 있는 듯한 공상에 젖어서 살아간다. 사춘기 이후에 더욱 도드라졌다. 사랑과 인정에 대한 목마름을 빼면 사람과 삶에 대해 더 이상 논할 게 없다.

뜻한 대로 다 풀리진 않았다. 자기도취와 자기비하 사이를 왔다 갔다 하면서 살아왔다. 이 정도면 통하는 매력인데, 좋은 순간이 드물지는 않은데, 내게 호감을 보이는 사람들이 많은데, 그런데 외롭다. 때로는 이상하게 움츠러든다. 나도 나를 모르겠다. 어색함 없이 자연스럽고 화통하게 구는 친구들을 보면 부럽기 그지없다. 이상하게 몸이 얼어붙는 때가 많아졌다. 남들 앞에 서면 긴장되고, 빙 둘러앉은 낯선 이들에게 좋은 인상을 주고 싶은데 몸이 굳고 부자연스러워지곤 한다. 그런 내 자신이 한심하게 느껴진다. 왜 이렇게 나약하고 보잘것없는 사람이 되어 가는지 모르겠다. 이상과 현실 사이의 간극에 지독한 외로움이 배어 있다.

자신감 있어 보이는 게 매력인데 때때로 너무 긴장한다
게다가 공황장애까지…

일이 뜻대로 잘 풀리지 않으면 너무 외롭다. 아주 독한 외로움이다. 빨리 의연해지고 싶지만 외로움에서 쉽게 벗어날 수 없을 때는 너무 초조해서 어찌할 바를 모르겠다. 힘을 내야 한다. 언제나 열정으로 몰두할 때 가장 힘이 넘쳤다. 나약해지려는 나 자신을 독려하는 건 꿈과 열정과 몰입이다. 무언가에 흠뻑 몰입해서 갈고 닦아서 성장하면 진정이 된다. 이상과 현실의 간극이 너무 커 보이지만, 몰입하고 있을 때는 잊는다. 그런데 문제는 내가 무엇에 큰 열정을 갖고 있는지 도무지 모를 때다. 꾸준히 상승 곡선을 그리다가 주춤하면 시들해진다. 열정이 시들해지면 초조해진다. 초조해지면 자신감을 상실한다. 어느 것 하나 꾸준히 매진해서 경지에 오른 게 없다. 참 나약하다고 느낀다. 보잘것없다는 사실만 다시 확인한다. 어느 누구에게도 소중한 존재가 될 수 없다는 자괴감이 번진다. 그럴 때 외로움이 유난히 사무친다. 어디에 속해도 깊이 속하지 못한 것 같고, 누구와 소통을 해도 깊이 닿지 않은 것 같고, 아무리 애를 써도 그 지점까지는 너무 멀어 보이고, 애써 날갯짓을 해 보아도 사람들의 시선이 심드렁해 보이면, 먹먹해진다.

어느 날 느닷없이 공황발작이 덮치면 혼비백산한다. 나약함을 잊으려 그리 애썼건만 언제 이렇게까지 나약해졌던가 싶다. 이제는 여유로운 척을 하기도 어려워졌다. 매력을 발산하는 건 고사하고 이제는 수치감을 감추기에 급급하게 되었다. 어디서부터 다시 시작해야 할까. 과연 자신감 있는 이미지를 재건할 수 있을까.

**인간의 욕구는 악의 근원이기에 통제되지 않은 욕구는
위험하다: 강박불안의 뿌리**

듣고 말하고 걷기 시작하면서 제일 먼저 배운 것이 절제와
통제였다. 어린아이다운 말과 행동은 수치스럽고 죄스럽다는 걸
배웠다. 모든 말, 행동, 감정에는 옳고 그름이 있었다. 어린아이답
게 제멋대로일 때는 늘 옳지 않았고 가혹한 처벌이 뒤따랐다. 어
려서부터 철저하게 규율을 따라야 했고, 어른스럽게 과묵해야 했
고, 앉으나 서나 조심성이 많아야 했고, 뭘 하든 철저하게 완수해
야 했다. 떼를 쓰면 가혹한 비난을 면치 못했고, 게으름을 피우면
혼났고, 조심하지 않으면 세상이 무서운 줄 모른다는 핀잔을 들었
다. 그러는 사이 인간의 욕구는 이기적이기에 결국 다른 이들에게
해를 끼치고 말 거라는 믿음이 몸에 배어들었다. 내가 철없이 욕
심을 부리면 부모님을 힘들게 했다. 갖고 싶은 걸 다 가질 수 없는
게 세상 이치라는 걸 모르면 금세 타락한다고 걱정했다. 내가 감
히 화라도 내면 부모님을 모욕하고 곤경에 빠뜨린 대가를 톡톡히
치러야 했다. 바늘 도둑이 소도둑 되는 건 시간 문제니까, 이제 곧
욕하고 때려 부수게 될 거라는 계산이었다. 내가 게으름이라도 피
우면 부모님을 깊은 시름에 빠뜨렸다. 손을 안 씻으면 큰 병에 걸
릴 걱정, 숙제를 게을리하면 인생을 망칠 걱정, 심부름을 안 하면

인성이 무너질 것을 걱정했다. 더러워도, 게을러도, 욕심을 부려도, 원망을 해도 냉엄한 비난과 처벌이 따라왔다. 자신을 망치고, 남을 힘들게 하고, 사회를 해롭게 할 위인이라는 의미였다. 비난과 처벌을 피하기 위해 늘 조심, 주의, 경계, 억제, 절제를 해야 했다. 욕구와 감정을 함부로 드러내지도 말아야 했다. 욕구와 감정이 절제되지 않은 인간들은 서로에게 위협이 될 수밖에 없다는 게 무의식 깊이 각인되었다. 욕구와 감정이 무분별한 나는 애초에 나쁜 아이였다. 무의식 깊이 각인된 아주 불길한 느낌이다. 살면서 두 번 다시는 느끼고 싶지 않은 가장 불길한 느낌이다. 그래서 다 잊고 좋은 사람으로 거듭나기로 했다(이것도 무의식 안에서 벌어진 일이다). 내가 아는 건, 관심과 애정은 조건부라는 것과 내가 얼마나 조심하고 절제하고 통제하는가에 달려 있다는 사실이다. 그래서 내가 아는 나는 언제나 좋은 사람이었다. 누구보다 절제하고 통제하면서 살았기 때문이다.

욕구와 분노와 불안은 통제하려 할수록
걷잡을 수 없이 더 강해진다

마음속에 나쁜 욕구와 나쁜 감정이 깃들지 않아야 했다. 욕구와 감정은 어떻게든 통제하고, 행동은 어떻게든 절제해야 했다. 남보다 더 갖고 싶고, 어떻게든 갖고 싶은 나쁜 욕구는 늘 잠재한다. 나쁜 일도, 나쁜 감정도, 나쁜 행동도 늘 예고 없이 일어날 수 있다. 나쁜 일이 없을 때에도 나쁜 일이 금방이라도 벌어질 듯한 기운이 감돌기도 한다. 삶은 긴장의 연속이다. 욕구와 감정은 위험하고, 가장 잘 절제하고 통제하는 사람이 좋은 사람이라고 믿었다. 그래서 부단히 실천했고 가장 좋은 사람으로 살아왔다고 자부하게 되었다.

분노는 위험하다. 이기심과 나쁜 욕구는 누구에게나 있으니까, 모두가 타인에 대한 분노를 가지고 있다. 인성은 분노를 어떻게 통제하는가의 문제다. 나는 분노를 억제하고 통제하는 습관을 길렀다. 애초에 분노를 갖지 않는 게 언제나 옳다. 그런데 언젠가부터 분노가 나를 두렵게 한다. 속으로 화가 나면 분노가 언제 행동으로 튀어나올지 알 수 없어 불안해졌다. 분노를 빨리 잠재워야 하는데 생각이 멈춰지지 않으면 심각한 불안에 빠진다. 내가 남을 해칠 수도 있다는 불길한 느낌 때문이다. 그럴 의도가 없다는 건 분명하다. 그러나 내 생각을 통제하지 못하면 내 행동을 막지 못할 수도 있다. 생각을 억제하지 못하면 분노가 사라지지 않고 계속 누적될 것이기 때문이다.

내게 분노가 있는 만큼 남들에게도 분노가 있을 것이다. 그들은 나만큼 분노를 억제하고 통제하는 습관이 없는 것 같다. 그러니 누가 언제 나를 공격할지 알 수가 없다. 언젠가부터 내가 공격당할지도 모른다는 생각이 내 머릿속으로 침투하고 쉽게 사라지지 않는다. 사람이 많이 모이는 공공장소에 무방비 상태로 서 있을 때 그런 생각이 들면 황급히 자리를 피하기도 한다. 점점 공공장소가 두려워지기 시작했다.

죄책감은 안전하다. 자신의 무분별하고 이기적인 욕구를 제어하는 역할을 하기 때문이다. 어려서부터 배웠고 몸에 배었다. 부모님을 원망하면 난리가 났지만 부모님에게 죄책감을 느낄 때에는 상황이 늘 부드러워졌다. 감사하고 미안한 마음을 가지면 유순해지고 순응하게 된다. 남의 눈에 거슬리지 않게 된다. 누구 앞에서든 항상 미안한 마음으로 행동했다. 갈등이 생기지 않도록 매너와 예의를 중시했다. 조금만 미안해도 '그럴 수도 있지, 뭘' 하고 그냥 넘어가지 못하고 서둘러 미안하다 말하면서 어떻게든 보상이나 만회를 해 보려고 애썼다. 그런데 언젠가부터 예의가 부족하고 잘 미안해하지 않는 사람들을 보면 은근히 화가 나기 시작했다. 원래 사람들이 모여서 격의 없이 행동하는 자리를 좋아하지 않는 편인데 요즘 유독 더 불편해졌다. 미움이 자랄까 봐 두렵다. 너그럽지 못한 나쁜 사람이 되어가는 것만 같아서 불편하다.

가스가 새고, 전기가 누전되고, 집에 도둑이 들면 그것도 내 책임이다. 단 일 퍼센트의 가능성도 항상 살피고 통제해야 한다. 그걸 뻔히 알면서도 나태하면 죄책감에서 헤어나오지 못할 것이다. 나 조금 편하자고 남에게 떠밀어 놓고 나 몰라라 하는 건 죄다. 가족에 대한 최소한의 애정이 있다면 그렇게 무책임할 수는 없는 거다. 집을 떠났다가 다시 돌아와서 점검하기를 열 번은 해야 비로소 안심이 된다. 어디까지가 책임감이고 어디서부터가 불필요한 불안인지 이젠 잘 구분이 되지 않는다. 두 번만 점검하고 떠나면 왠지 찝찝하다. 한 번 더 점검하지 않고 돌아서는 건 너무 무심하고 무책임하다고 느낀다.

나쁜 질병에 걸리지 않도록 내 몸 간수를 내가 해야 한다. 어려서부터 철저히 지켜왔다. 슈퍼마켓에 진열된 콜라병 하나, 과자 한 봉지를 만져도 반드시 손을 씻었다. 공공장소는 물론이고 남의 집에 가서 내 손으로 문고리를 돌리거나 의자를 만져도 손을 씻었다. 지하철에서는 기침하는 사람 옆에 절대 앉지 않았다. 청결도 애정과 책임감에서 비롯된다. 내 부주의로 내가 아프면 가족 모두에게 민폐가 된다. 더러운 균을 묻혀 들어와서 가족에게 나누어 주는 모양새다. 나 하나의 무심함과 게으름으로 내가 사랑하는 이들을 곤경에 빠뜨리는 건 백 마디 말로도 변명이 될 수가 없다.

그런데 가족들이 먼저 나서서 "제발 적당히 좀 하라"면서 평가하고 혀를 찬다. 어떤 책임도 게을리하지 않았다고 자부하는데, 내가 무슨 질병 그 자체라도 되는 듯 대한다. 내가 너무 심하다고들 난리다. 내가 창피한 모양이다. 솔직히 언젠가부터는 나도 그 평가에 동의하기 시작했다. 어디까지가 책임감이고 어디서부터가 강박인지 잘 모르겠다. 분명한 건 이제 그만두기가 너무 어렵다는 점이다. 조금만 덜 하려고 해도 불안이 극심해진다. 급기야 나는 가족들에게 짜증을 부리기 시작했다. 이유 없이 화가 잘 나기도 한다. 나를 왜 이해해 주지 못하느냐고 화를 낸다. 그런데 사실 나도 나를 잘 모르겠다. 가족들이 싫다는데도 불구하고 자꾸 내 방식만 고집스럽게 고수하고, 내 뜻대로 안되면 화를 내는 나쁜 사람이 되어가고 있는 것 같다.

불안한 이유를 모른 채 늘 불안하다
통제력이 한계에 부딪히면… 공황장애는 시간문제다

강박사고 및 강박행동의 종류는 매우 다양하다. 앞에서 제시한 예들은 극히 일부에 불과하다. 어떤 종류의 강박이건 강박불안에 시달리는 사람은 상당한 고통을 호소한다. 남들이 보기엔 그까짓 행동이나 생각을 안 하면 그만이지 대체 왜 고통스러워하는지 이해하기 힘들 것이다. 사실 그게 왜 그리도 고통스러운지는 강박불안에 시달리고 있는 사람 스스로도 이해하지 못하고 있다. 그런 생각이나 상상을 안 하고 싶은데 왜 자꾸 하는지, 그런 감정을 안 느끼고 싶은데 왜 자꾸 느끼는지, 그런 행동을 안 하고 지나가고 싶은데 왜 그냥 지나가려 하면 그리도 초조해지는지, 대체 무엇을 왜 불안해하는지 자신도 모른다. 자기 마음 깊은 곳에 뭐가 들어 있는지 알지 못한다. 아주 오래전부터 늘 그래왔다. 어쩌면 여기까지 읽으면서도 자기 마음이 진짜 이런지 잘 모르겠다고 생각하거나 자기 마음은 그렇지 않다고 생각하는 분들도 많을 것이다. 강박불안의 특징이 그렇다. 자기 무의식 세계에 대해서 가장 깜깜한 사람들이라고 할 수 있다. 일반화된 불안장애, 사회불안장애, 우울장애를 가진 사람과 달리 자신의 욕구와 감정에 대한 통찰력이 낮은 편이다. 아주 어릴 적부터 욕구와 감정을 닫아버리고 다시 들여다보지 않으려 애썼기 때문이다. 어떤 욕구나 감정이 자연스럽다고 느끼기보다는 남의 옷을 입은 듯 불편했을 것이다. 그래서 감정보다는 이성에 몰두한다. 감정이 제멋대로 날뛰고 싶어 하는 야생마라면 이성은 차갑고 엄격한 조련사다. 둘 사이의 긴장이 항상 팽팽하다.

자신의 욕구 및 감정뿐 아니라 증상에 대한 이해와 통찰 역시 부족한 편이다. 한마디로 문제 인식이 상대적으로 약하다. 즉, 강박사고와 강박행동이 문제라는 생각을 하지 않는 사람이 많다. 옆에서 보기엔 강박사고와 강박행동에 스스로를 가두고 있는 듯 보이지만, 그들은 강박사고와 강박행동에 자신이 안전하게 정착해 있다고 여긴다. 옆에서 보기에는 강박불안으로 인해 삶이 저해를 받고 있다고 생각하지만, 그들은 강박불안으로 자신의 삶을 지키고 있다고 믿는다. 강박으로 인한 불안이 고통스럽지만, 강박을 내려놓으면 삶이 와해될 것 같은 불안에 비할 바는 아니라는 것이다.

무엇을 두려워하는지 모르는 채 두려울 때가 가장 두려운 법이다. 강박불안에 시달리는 사람들은 각성 수준이 매우 높다. 항상 긴장되어 있고 경계를 잘 풀지 않는다. 어느 날 갑자기 공황발작이 찾아오는 게 전혀 이상한 일이 아니다. 불안의 요소를 없애려고 강박적으로 매달리지만 이성적인 억제의 힘이 한계에 부딪힌다고 느끼면 각성이 급상승할 것이다. 숫자 세기, 주문 외우기, 문단속 무한 반복하기 등의 강박행동을 아무리 해 봐도 불안이 비집고 들어오면 힘의 한계를 느끼면서 각성이 치솟을 것이다. 손으로 아무리 꽉 움켜쥐어도 감정이 비집고 나갈 것 같으면, 아무리 댐을 쌓아서 막아 놓아도 차오르다가 넘쳐 흐를 것 같으면 각성의 파고가 드세질 것이다. 공황발작 앞에서 주저앉아 울고 싶어지겠지만, 그처럼 나약한 감정을 억제하고 통제하기 위해 서둘러 새로운 주문을 만들고 외울 것이다.

3부

악순환의
늪에서
벗어나기

심리상담/치료,
내 마음을 납득해 가는 과정

마음의 습관을 깨달아야 비로소 마음의 매듭이 풀린다

우리 마음 안에서 일어나는 일들 가운데 우리의 의식이 알고 판단하고 선택하는 게 많지 않다. 의식이 미처 파악하기도 전에 마음속에서 '자기 멋대로 알아서' 움직이는 생각과 감정의 흐름이 훨씬 더 많다. 찬찬히 살펴보고 생각하고 판단한 후에 감정을 느끼는 경우가 사실상 별로 없다. 어, 하는 순간 순식간에 복합적인 감정에 휘감긴다. 어, 하는 찰나의 순간에 이미 어떤 행동을 하고 있거나, 그리 행동하고 싶어서 움찔하고 있거나, 차마 그리 행동하지 못하는 수많은 이유에 대해서 생각하고 있다. 그건 아주 찰나의 순간이며, 그리 많은 생각이 일어나서 휘젓고 다니는 것을 자신의 의식이 미처 모르는 때가 허다하다. 갑자기 옛일이 떠오르고 복잡한 감상에 젖는 것도 스스로 선택한 일이 아니다. 그저 '나도 모르게' 일어나는 감상이다. 방금 무슨 생각을 했는지, 어떤 감정에 젖었는지 정리해 보려 해도 그걸 다 일일이 짚어 낼 수가 없다. 지금 이 사람에게 왜 과하게 친절한지도, 왜 굳이 이 사람을 거부하지 못하는지도, 왜 지금 이 사람 앞에서 초조해지고 불편한지도 알 수 없을 때가 많다. 지금 뭔가 걱정하고 있는데, 정확하게 무엇을 왜 걱정하고 있는지 모를 때도 있다. 어느 날 갑자기 사무치게 외로운데, 이 감정이 어디서 오는지 모른다. 매력이 없어서 소외되는 서러움인지, 정이 메마른 사람들에 대한 배신감인지, 각박해진 세상에 대한 원망인지, 혼자서는 나약해지는 인간의 본질에 대한 씁쓸함인지, 암울한 미래에 대한 불안인지, 누적된 욕구불만으로 인한 짜증인지, 아니면 단순히 지독하게 심심해서 그러는 건지 헷갈린다.

뭘 해 봐도 마음이 풀리지 않는 건 자기 마음을 잘못 진단한 탓이다. 오랜 시간 고뇌에 잠겨 봐도 생각과 감정의 꼬리가 잘 끊어지지 않는다면 봐야 할 걸 아직 못 보고 있다는 뜻이다. 마음을 탈탈 털어 나오는 대로 말이나 글로 다 쏟아 내도 여전히 오리무중인 것은 아직 숨어서 웅크리고 있는 속마음 때문이다. 잘 보이지 않는 건, 너무 습관이 되어버렸기 때문이다. '나도 모르게' 생각하고, 느끼고, 행동하는 건 그만큼 습관으로 굳어져서 자신과 한 몸이 되었다는 뜻이다. 타인의 습관은 눈에 잘 띄지만 내 몸에 달라붙은 습관은 잘 보이지 않는다. 그렇게까지 불안한 이유를 모르겠고(감정의 습관), 왜 자꾸 부정적인 생각들에 자주 말려들어 잘 헤어나오지 못하는지 모르겠고(생각의 습관), 하지 말아야 하는 줄 알면서도 왜 자꾸 같은 행동을 반복하는지 모르겠다면(행동의 습관), 마음속 심리를 자기 스스로 자각하지 못하고 있다는 뜻이다. 무의식 안에 숨어 있는 '마음의 나쁜 습관'에 의해서 자신이 불편함을 겪고 있다는 의미다. 그런 게 심리장애다. 심리장애를 푸는 열쇠는 그 모든 습관의 이유를, 살아오는 내내 거쳐 온 마음의 여정과 맥락을 '인지하고 납득하는' 것이다. 마음의 나쁜 습관들을 명확하게 깨달으면, 굳이 몸에 힘을 주지 않아도 올바른 방향으로 스르르 굴러간다. 그렇게도 어렵던 행동의 변화, 즉 '내려놓기'가 저절로 일어난다. 딱 아는 만큼씩만 달라질 수 있는 것이 심리치료의 이치다.

인지행동치료는 깊이 인지함으로써
행동의 변화에 탄력을 가하는 심리치료법이다

인지행동치료Cognitive Behavior Therapy(CBT)는 공황장애뿐 아니라 대부분의 정서장애의 치료에 뚜렷한 효과가 있다고 널리 알려진 심리치료 기법이다. 임상심리학자Clinical Psychologist(임상심리 전문가)가 시간, 비용, 노력을 최소화하면서도 정서장애를 확실하게 극복할 수 있는 심리치료 방법을 만들어서 시도하고 검증해 왔는데, 그 대표적인 결과물이 인지행동치료다. 그런데 그 역사는 길지 않다.

공황장애의 심리적인 원인들이 밝혀지면서 효과적인 심리치료법이 체계적인 틀을 갖추기 시작한 것이 고작 40년 전이다.

행동주의 심리학이 본격적으로 시작되면서, 행동치료가 처음 싹트기 시작한 것은 1920년대였다. 그 후 1960년대에 들어서, 아론 벡Aaron T. Beck 박사가 '자동화된 사고automatic thoughts'라는 현상을 발견하여 이름을 붙이고, 심리치료에 적용하기 시작하면서 인지치료가 시작되었다. 프로이트가 말한 무의식과는 달리, 무의식 깊이 숨어 있지 않고 의식의 수준에 존재하지만 스스로 인지하지 못하고 스쳐 가는 생각들을 자동화된 사고라고 부르기 시작했다. 스스로 인지하지 못하던 자동화된 사고들을 내담자 스스로가 인지하도록 돕는 방식의 인지치료가 정서장애의 치료에서 큰 효과가 있다는 게 널리 퍼지면서 발전에 가속도가 붙었다. 이처럼 행동치료와 인지치료가 각자 출발해서 입지를 다져오던 중에, 1980년대에 들어서서 영국의 데이비드 클라크David M. Clark 박사와 미국의 데이비드 바로우David H. Barlow 박사가 공황장애를 치료하기 위해 인지치료와 행동치료를 결합한 인지행동치료를 처음 만들어서 시도했고, 탁월한 치료 효과가 일관되게 검증되었다. 그러면서 1980년대와 1990년대에는 인지행동치료가 완연하게 틀을 갖추면서 널리 보급되기 시작했다. 그 후로는 인지행동치료를 기본 틀로 삼아 조금씩 변형하고 보완한 여러 형태의 심리치료들이 개발되고 발전하면서 보급되어 왔는데, 모두 크게 보면 인지행동치료에 포함된다고 인식이 될 정도로 인지행동치료라는 단어는 심리치료의 대명사 격이 되었다.

머리로 이해하기 → 가슴으로 깨닫기 →
감정, 생각, 행동의 자연스러운 변화

인지행동치료를 비롯한 거의 모든 심리치료는 '인지'하고 '행동'하는 두 개의 단계로 나뉜다. 그걸 좀 더 세분하면 크게 3단계로 나누어 볼 수 있다. 첫번째 단계의 목표는 머리로 이해하고 통찰하는 것인데, 임상심리학에서는 이걸 '차가운 통찰cold insight' 또는 '인지적 통찰cognitive insight'이라고 부른다. 이 단계를 지나가고 있다면 치유 과정이 50% 이상 진행되었다고 이해해도 좋다. 굳이 5부 능선을 지났다고 표현하는 이유는 지나온 길보다는 앞으로 가야 할 길이 더 적게 남았기 때문이다. 기왕 여기까지 왔으니 돌아서기보다는 앞으로 계속 가는 게 낫다는 생각이 들 법한 지점이다. 두 번째 단계인 가슴으로 느끼면서 이해하는 지점에 오면 '뜨거운 통찰hot insight' 또는 '정서적 통찰emotional insight'에 도달한 것이다. 이제는 9부 능선을 넘었다고 봐도 좋다. 여기까지 오기는 매우 힘들었지만, 이제부터는 더 이상 힘들지 않다. 9부 능선을 지나면서 정상이 눈에 보이기 시작하면 신이 나고, 발걸음도 무언가가 날 밀어 올리는 것처럼 가볍다. 막바지 오르막인데도 마치 내리막을 걷는 듯하다. 세 번째 단계에서 감정, 생각, 행동의 변화는 저절로 일어나야 한다. 그런 식의 변화가 순리다. 굳은 결심과 강한 의지로 변화를 만들려고 애쓰고 있다면 잠시 내려놓고 숨을 고르기를 권한다. 정서적 통찰에 도달하기엔 아직 때가 무르익지 않은 것이다. 인지와 통찰의 과정에 공을 더 들여야 한다.

인지행동치료뿐 아니라, 세상에 존재하는 모든 종류의 심리치료는 모두 '인지하고 통찰함으로써 자기 마음의 마스터가 되는 과정'이다. 행동 변화는 억지로 만드는 것이 아니라 굳은 결심과 단단한 의지로 만드는 것이다. 아직 통찰이 무르익지도 않았는데, 심지어 마음에 대한 탐색이 시작되지도 않았는데, 대뜸 변화를 위해 이런저런 노력을 해 보라고 하는 건 심리상담이 아니라 조언이다.

터져버린 마음의 댐

길잡이 하나 공황발작이 결코 우연이 아니었음을 깨닫는다

    심리치료는 자신의 속마음을 스스로 다스리는 법을 터득해 가는 과정이다. 자기 마음 안에서 일어나는 일을 알아채고 이해하면서 납득해 가는 것이 심리치료의 방법이다. 미처 몰랐던 것들을 알아가면 매듭이 풀리고 길이 열리지만, 끝내 알지 못하면 아무리 달려도 같은 자리만 맴돈다.

    각성이 턱밑까지 차올라 있어도, 그렇게 될 수밖에 없는 삶을 오랫동안 살고 있으면서도 그걸 스스로 감지하지 못하는 사람이 대부분이다. 오랜 시간 긴장에 눌려 사는 사람들 중에는 불안과 각성이 역치 수준에 가까이 다다르고 있다는 것을 인지하는 사람이 없다. 가장 큰 이유는, 아무래도 그런 게 뭔지 들어 본 적이

없기 때문일 것이다. '각성'이라는 단어를 일상적으로 사용하는 사람이 없고 '역치 수준'이라는 용어는 누구에게나 생소할 것이다. 자신의 각성 상태를 스스로 점검하면서 사는 사람들이 없을 수밖에 없다. 두 번째 이유는, 자신의 감정을 잘 이해하지 못하기 때문이다. "요즘 죽을 맛이야. 아주 스트레스에 눌려서 산다."는 말을 입에 달고 산다고 해서 각성 수준이 꼭 높은 건 아니다. 감정을 내뿜어서 통풍시킬 수 있다면 긴장과 각성이 누적될 일이 별로 없나. 그보다는 오히려 모든 게 순조롭고, 무탈하게 잘 살고 있는데 왜 갑자기 공황발작이 습격하는지 도무지 이해할 수 없다는 경우가 더 많다. 스트레스와 긴장에 너무 익숙해진 사람들은 그렇다. 큰 사건이나 사고 없이 늘 하던 대로 그저 열심히 살고 있는데 공황발작이 왜 '마음이 건강한' 자신을 덮치는지 납득이 되지 않을 것이다. 그렇다 해서 힘들다는 말을 입에 달고 사는 사람들은 모두 마음의 환기가 잘돼서 각성이 낮다는 건 아니다. 힘들다는 말을 습관적으로 하는데 정작 무엇 때문에 힘든지, 우울하고 불안하고 화가 나는 마음의 진짜 속사정을 잘 모르면 아무리 푸념을 많이 해도 마음이 풀리지 않고 각성이 쌓여간다. 각성이 턱밑까지 차올라 있는 사람들은 자기 마음의 속사정을 자기가 잘 몰라주는 사람들이다. 그럴 만한 이유가 없는데 때때로 괜히 서럽고, 외로울 상황이 아닌데 이상하게 외로움을 쉽게 타고, 간혹 우울하고 무기력해지는데 이유를 모르겠고, 생각을 정리해 보면 불안할 일이 없다는 걸 알겠는데 불안한 감정이 쉽게 가시지 않는 사람들이다.

2부에서 각성이 차곡차곡 쌓여서 턱밑까지 차오르는 과정을 살펴보았다. 공황발작이 어느 날 느닷없이, 그저 운이 나빠서 바이러스가 침투하듯 갑작스레 찾아오는 게 아니라는 걸 이해하는 게 치유의 첫걸음이다. 지나온 삶에 큰 굴곡이 없어 보여도, 대인관계가 남 부러울 것 없이 원만해도, 큰 실패를 경험한 적이 없을 뿐 아니라 심지어 지금 그 어느 때보다 잘 나가고 있는 사람에게도 공황발작이 찾아올 수 있다는 것을 이젠 납득해야 한다. 남들 보기엔 잘 살고 있는 당신의 내면에, 아무도 모르게, 자신도 모른 채 각성이 차곡차곡 쌓여왔을 수도 있다는 걸 알아차려야 한다.

어느 날 일순간 각성이 역치 수준을 넘기면서 온몸이 갑자기 들고일어나 아우성을 쳤다. 소리 없이 예고되어 왔던 필연이었다. 심장, 호흡기, 소화기, 팔과 다리, 머리, 눈, 얼굴, 목, 어깨, 방광 등 몸 곳곳에서 탈이 났다. 심지어 정신까지 흔들리는 느낌마저 들기도 한다. 인간의 몸이 오랜 세월 동안 그렇게 진화되어 왔기 때문에 벌어지는 일이다. 각성이 급상승해서 역치 수준을 넘기면 몸이 그렇게 반응하는 게 정상이다. 막을 수 없다. 생존에 위협이 될 정도의 위기 상황이 들이닥쳤다고 인식하기 때문에 그에 맞서서 온몸의 에너지를 다 쏟아붓는 것이다. 인류가 생존을 위해 혼신의 힘을 다하는 올바른 태도다. 문제는 생존에 대한 위협이 없는데도 현대인들이 일상적으로 부딪히는 스트레스로 각성이 그 정도까지 상승한 것이다. 공황발작이라는 신체 증상은 그저 팽팽해진 긴장 상태를 더 감당하기 힘들다는 아우성이자 통곡에 가까운 절규인데, 내면에 쌓여 온 긴장의 내력을 알지 못하면 육체와 정신이 고장 난 걸로 여길 수밖에 없다. 그래서 화들짝 놀란다. 몸과 정신이 순식간에 무너지려 하는데 공포를 느끼지 않을 재간이 없다. 납득할 수 없는 공포는 공포를 더욱 부채질한다. 몸과 정신에 아무런 이상이 없다는 것을 이해하고 납득하고 믿는 만큼 공황장애의 치료는 탄력을 받는다. 억지로 믿는 사람은 치료 과정이 무겁고 느린 반면, 진심으로 이해하고 받아들이는 사람은 마음이 금세 가벼워지고 치유 과정의 전개가 매우 순조롭다.

가장 끔찍한 공포에서 벗어나서
한숨 돌린다

길잡이 둘　육체와 정신에 이상이 없다는 믿음이 무의식에까지 닿
는다

　　어느 날 갑자기 공황발작을 처음 겪으며 혼비백산하면서
공포를 느끼는 순간 세상에서 둘도 없이 무서운 생각이 스친다.
그 순간의 대표적인 '자동화된 사고'들은 다음과 같다.

고장 난 신체와 관련된 사고들:
• '심장마비가 오려나?'
• '혹시 뇌에 이상이라도 생긴 걸까? 갑자기 뇌졸중(또는 중풍)이
　오려나?'
• '호흡곤란으로 질식해서 순식간에 기절하거나 혹은 숨이 멎으

면 어쩌지?'

고장 난 정신과 관련된 사고들:

- '혹시 내가 말로만 듣던 정신병(조현병 등)으로 넘어가는 길목에라도 와 있나?'
- '간신히 버티고 있는데 묵직한 스트레스가 하나만 더 얹히면 내 정신력이 못 견디고 주저앉지 않을까?'

고장 난 이성과 관련된 사고들:

- '너무 당황한 나머지 순간적으로 자제력을 잃고 뛰어내려버리거나, 미친 사람처럼 소리를 지르거나, 뭔가를 집어던지거나, 그런 말도 안 되게 이상한 짓을 해버리는 건 아닐까?'

의학적인 원인에 따른 질병이 아니라는 걸 듣고 읽고 배워도 여전히 안심하지 못한다.

"몸에는 아무런 이상이 없다니까 믿지요. 검사 결과도 깨끗하고요. 제가 생각해 봐도 이해가 되니까 진짜 심리적인 문제라고 생각해요. 그런데 증상이 없어지지 않아요. 공황발작이 와도 아무 일 안 생긴다고 하니까 믿긴 하지만 그래도 무서워요. 그런 증상을 또 겪어야 한다는 그 자체가 무섭다니까요."

그러나 이는 모순이다. 의식은 믿겠다 하지만 무의식은 여전히 믿지 않는 모습이다. 마음 깊은 곳에서는 '자기도 모르게' 의구심이 여전하다. 행동을 잘 살펴보면, 마음 깊은 곳에서 어떤 감정을 느끼고 무슨 생각을 하는지 짐작할 수 있다.

- 밤에 침대에 홀로 누워 잠을 청하려 하면 긴장이 상승한다. 빨리 잠들지 못하고 뒤척이는 경우가 많다. 실제로 공황발작이 자주 또는 가끔 온다. 거실에 나와서 잠을 청하면 긴장이 누그러지고 잠이 잘 온다. 특히 누군가 곁에 있으면 마음이 더 편안해진다.
- 아침에 일어나면 기분이 좋다. 준비하고 집을 나서면 긴장이 풀린다. 일 마치고 느긋하게 쉬는 저녁에 더 초조해지고, 일하러 나가는 아침의 발걸음이 더 가볍다. 전에 없던 이상한 패턴이 하나 생겼다.

자동화된 사고가 하나 엿보인다. '혼자 잠들었다가 변이라도 당하면 누가 구해 주나.'

그렇다면, 거실에서 잠들었을 땐 그래도 쉽게 발견되니까 빨리 구조될 가능성이 높다고 생각하는 모양이다. 누군가 곁에 있으면 당연히 더 안심이 될 것이다. 실제로 종종 이런 사람들이 있다. 이들에게 이런 자동화된 사고를 하는 것 아니냐 물으면, "그런 적 없다."고 답한다. 무의식중에 마치 그런 생각을 하는 것처럼 행동하고 있다는 걸 아는가 물으면, "듣고 보니 말 된다."고 답한다. 공황발작이 의학적인 원인에 의한 증상이라면, 어떻게 때와 장소를 가릴까? 심장, 뇌, 또는 면역체계가 고장 나서 생긴 병이라면 어찌 쉴 때 오고 일할 때 안 오며, 곁에 사람이 없으면 오고 사람이 있으면 안 올까?

      이런 사람들은 밤에 잠들기 전에 생각이 무성해진다. 무슨 생각을 하느냐 물으면, "잘 모르겠다"고 하고, 그럴 때 초조하냐 물으면, "말할 수 없이 초조하다"고 한다. 일할 땐 초조하지 않고 느긋하게 쉴 때 긴장을 한다. 당연한 현상이다. 자동화된 사고는 마음이 한가하고 생각이 비어 있을 때 침투하기 때문이다. 바쁠 땐 그런 게 비집고 들어올 틈이 없다. 의식이 알아채지 못하는 사이에 자동화된 사고가 스며들어와 휘젓고 다닌다. 그럴 때 생각이 무성해졌다는 걸 느낀다. 그런데 무의식은 논리가 없다. 불길한 생각을 하는 순간 이미 나쁜 일이 금방이라도 벌어질 것처럼 감정이 솟구치고 그 순간에 긴장이 폭발한다. 그래서 한가할 때가 위기다. 여기까지 이해하고 나면, 의학적인 질병에 대한 의구심을 무의식 중에 내심 갖고 있었다는 걸 비로소 깨닫는다. 그런 불길한 생각을 하지 않으려 애쓰면 애쓸수록 '자기도 모르게' 그런 생각을 하게 된다는 것도 이해한다. 그럴 때 어김없이 공황발작의 역치 수준에까지 다다른다는 걸 납득한다. 몸과 정신에 아무런 이상이 없다는 믿음은 그렇게 무의식에까지 가서 닿아야 한다. 의식 수준의 논리와 믿음만으로는 치유가 되지 않는다.

다른 예들을 조금 더 살펴보자.

- 고속도로에 올라가거나 길고 어두운 터널에 들어가면, 또는 차가 너무 막혀서 꼼짝도 못하는 상황에서 공황발작이 온다.

몸에서 이상 증세가 시작되어도 재빨리 탈출할 수가 없다는 생각을 하기 때문일 것이다. 변을 당해도 빨리 구조될 수 없는 상황이라는 생각이 무의식중에 스쳐 가기 때문일 것이다. 갑작스러운 몸의 고장으로 기절하거나, 몸이 오작동하거나, 또는 심장이 멎을지도 모른다는 불길한 생각이 바탕에 깔려 있지 않다면 이런 두려움을 가질 이유가 없다. 그런데 갑자기 몸에 이상이 와서 운전을 못할 상태가 될 수도 있다는 염려를 한다면 아예 운전대를 잡지 않는 게 옳다. 그렇다. 이 생각들은 모순이다. 그런 몸 상태라면 고속도로나 터널이 아니어도 어차피 큰 사고로 직결된다. 그런데 신호등이 걸리는 일반 도로에서는 크게 긴장하지 않고 운전을 한다. 그렇다면 자기 건강 상태를 믿으면서도 믿지 못하는 이상한 마음 상태인 것이다. '갑자기 기절하거나 몸이 말을 안 들을 수도 있다. 그러니까 고속도로나 터널은 피하자. 다른 도로에서는 괜찮다. 빨리 구조가 될 수 있으니까 안심해도 된다.' 이런 식이다. 자동화된 사고는 이처럼 비합리적이고 엉뚱하다. 그런데 그런 황당한 결론에 따른 행동을 하고 있다, 자기도 모르게. 무의식은 그렇게 논리가 없다.

• 창문을 열고 달리면 괜찮다. 그런데 창문을 다 닫고 히터까지 틀어서 공기를 훈훈하게 하고 달리면 어김없이 공황발작이 온다.

공기가 덥고 텁텁하면 호흡곤란으로 질식할지도 모른다고 은연중에 생각하는 사람이 실제로 매우 흔하다. 꽉 막히고 비좁은 엘리베이터 안에도 24시간 이상 호흡할 산소가 충분하다. 달리는 차 안에 산소가 부족할 일은 없다는 걸 잘 안다. 무의식이 문제다. 자기도 모르는 사이에 살짝 스쳐 가는 엉뚱하고 불길한 생각을 의식에서 놓치면, 논리 없이 결론으로 치달아서 감정이 증폭된다. 먼저 자신의 생각과 행동과 감정이 일치하는지 살펴보아야 한다. 히터를 끄고 창문을 열고 달리면 마음이 진정되고, 히터를 켠 채 창문을 닫고 달리면 불안이 상승하면서 어김없이 공황발작으로 이어지는 것을 어떻게 해석해야 할까? 한겨울에 히터도 끄고 창문을 열고 달려야 하는데 손님이라도 차에 태우면 매우 난처할 것이다. 그럴 때 긴장이 극대화된다면, 그래서 그런 상황을 어떻게든 피하려고 애를 쓴다면 앞에서와 같은 자동화된 사고가 의식 안에 도사리고 있다는 증거로 볼 수 있다. 즉 회피행동 및 안전행동은 자동화된 사고의 존재를 확인시켜 주는 열쇠가 된다.

• 사람들이 인산인해를 이루고 있는 횡단보도, 백화점 식당가, 대형마트, 지하철 등에서 갑자기 정신이 아득해진다. 주위가 웅웅거리면서 동공이 떨리고 호흡이 거칠어지고 심장이 요동친다. 망망대해의 거친 파도처럼 사람들이 떠밀려 가고 휩쓸려 오고, 웅성거리는 소리가 머리를 때리고 흔드는 느낌이다. 눈을 감고 숨을 몰아쉬고, 고개를 숙이고 기도하듯 맞잡은 손에 잔뜩 힘을 준다. 손을 꽉 쥐고 있지 않으면 잡고 있는 정신이 빠져나가 버리기라도 할 것처럼.

마치 영혼이 유체이탈이라도 하는 줄 알고 공포에 질린 모습이다. 망망대해의 거친 파도를 맞으면서 떠밀려 다니는 부표처럼 자신의 존재가 그곳을 가득 메운 사람들과 분리된 채 이리저리 떠다니는 듯한 기분에 사로잡히기도 한다. 공황발작 때 경험할 수 있는 비현실감derealization이라는 증상이다. 빠른 심장박동과 호흡곤란에 이어 어지러움을 느낄 때, 정신을 차리려는데 주위가 사납게 웅성거리면 이내 정신이 아득해지는 느낌에 빠질 수도 있다. 자신의 생각과 감정이 자신에게서 분리되어 따로 놀고 있는 느낌마저 들 수가 있다. 공황발작 때 경험할 수 있는 이인증depersonalization이라는 증상이다.

살면서 우울과 불안에 자주 시달렸던 사람 가운데 일부는 자신이 언젠가는 정신건강의학과 치료를 받을 것 같다는 막연한 예감을 갖기도 한다. 그런 찜찜한 걱정거리를 안고 있다면 적극적으로 책을 찾아보거나 기회가 닿을 때 정신과 의사를 만나 점검을 해 볼 일이다. 자신의 정신 및 심리 상태에 대해서 확신하고 안심할 수 있을 때까지 더 알고 싶어 하는 게 마땅하다. 가족이나 가까운 친척 중에 정신적인 문제로 고생한 분이 있다면 더욱 그렇다. 그런데 실상은 '설마 그럴 리가. 난 괜찮을 거야.'라고 생각하면서 넘어가는 경우가 허다하다. 정확한 지식을 구할 방법이 너무 막연하기도 하고, 설사 그렇다 해도 언젠가 아주 먼 미래의 일이니까 굳이 지금부터 불편해지고 싶지 않아서 그럴 것이다. 그렇게 짐짓 잊고 지낸 오랜 세월 동안 그런 찜찜한 생각이 눈 녹듯 사라졌을 리는 없다. 어느 순간 자기도 모르게 '혹시 내가… 설마…?' 하는 생각이 스쳐 갈 수 있다. 대부분의 자동화된 사고는 이처럼 한 개인의 삶의 내력을 담고 있다. 특히 어려서부터 잘 위축되곤 했던 소심한 사람이라면 이런 순간이 왔을 때 '그런 생각, 그런 감정'에 더욱 잘 빠져든다. 이들은 왠지 나쁜 일은 자신에게 유독 잘 찾아올 것 같다는 생각에 잘 사로잡히는 편이다. '정신줄을 놓지 않으려고' 몸에 힘을 주는 사람들은 '정신 이상으로 가는 길목'에 와 있는 듯한 착각에 빠져서 공포를 느끼고 있을 가능성이 높다.

공황발작 증세가 가라앉은 후에는 상당한 피로감이 몰려든다. 그때 몸과 마음을 늘어뜨리고 쉬지 못하고, 오히려 평소와 달리 유난히 활기차고 밝고 수다스러워지거나 바쁘지도 않은 일을 붙잡고 마감 시한에 몰린 사람처럼 정신없이 몰두하고 있다면⋯ 어딘가 이상해 보인다. "혹시 정신을 놓지 않으려고 정신을 풀가동하는 것이 아닌가요?" 물으면, 멍해지면서 대답을 못하고 생각에 잠기기도 한다. 이런 경우에는 그 사람의 가족력이나 어린 시절의 경험들을 살펴보면서, 혹시 은연중에 정신병에 대해 신경을 많이 쓰는 편은 아닌지 점검할 필요가 있다.

주변에 사람이 많아서 소음이 커지면 정신이 아득해지면서 유체이탈을 할 수도 있지만 주위가 조용하고 아늑하면 정신이 온전할 거라는 생각은 참 비합리적이다. 달리는 차 안이 더우면 산소 부족으로 질식할 거라는 생각은 매우 엉뚱하다. 갑작스럽게 기절하거나 몸이 말을 안 들을 수도 있는 위험한 상태에서도 고속도로나 터널만 피하면 괜찮다는 논리도 황당하다. 자동화된 사고는 무의식중에 일어나며 무의식은 그처럼 논리가 없다는 말을 수십 번 듣고 마음에 새기고도, 매번 그 상황이 오면 이걸 또 놓친다. 불길한 생각이 무의식을 휘저을 때, 이를 놓치지 않고 붙잡아서 무력화시키는 체험을 한 적이 아직은 없기 때문이다. 그걸 체험하도록 돕는 게 심리상담/치료다.

길잡이 셋   무의식중에 스쳐 가는 자동화된 사고를 현장에서 붙잡아
멈춰 세운다

자동화된 사고가 무의식중에 스치고 지나가며 긴장이 증
폭되는 바로 그 순간에 자각하고 깨달아야 한다. 그럼으로써 바로
그 현장에서 긴장이 가라앉는 체험을 해야 비로소 체득된다. 그걸
체험하면 '정서적 통찰'에 다다르고, 이후 치료 과정이 물 흐르듯
순조롭고 빠르다.

이를테면 일부러 창문을 닫고 히터를 켜고 운전해 보는 거
다. 그리고 메모지에 적어 두었던 '나의 자동화된 사고'를 자주 꺼
내서 본다(또는 암기한 걸 머리에 떠올린다). '산소가 부족해서 호흡곤
란으로 질식하면 큰 사고로 이어진다. 변을 당해도 아무도 도와줄
사람이 없다.' 그리고 생각에 잠긴다. '그래, 늘 이 생각이 문제였
어. 공황발작이 오기 직전에는 늘 이 생각들이 떠올랐어.' 이런 생
각을 안 하려고 애쓸 일이 아니다. 그 생각을 일부러 자주 떠올렸
더니 긴장이 상승하지 않고 공황발작이 오지 않았다는 사람들이
꽤 있다. 무의식중에 긴장을 증폭시키는 게 자동화된 사고라는 걸
입증하는 결과다. 자동화된 사고를 의식하면서 기다리면 그게 마
음을 훑고 지나갈 때 알아차릴 수 있게 된다. 그리고 그 효과를 현
장에서 체험한다. 자동화된 사고는 지나가는 순간 자각하고 붙잡
아 세우면 무력화된다.

침대에 혼자 누워 잠을 청할 때, 고속도로에 진입할 때, 터널에 들어갈 때, 차가 꽉 막힌 도로 위에서, 사람들이 북적거리는 곳에서 나의 '자동화된 사고들'을 일부러 자주 떠올린다. 골똘히 생각에 잠기면서 논리적이고 현실적으로 검증해 본다. 긴장이 올라와도 좋다는 생각을 한다. 설사 공황발작이 온다 해도 그래 봐야 고작 10분 정도 받아 주면 된다. 피하기보다는 불러들여서 맞이하는 기분을 느껴 본다. 불길한 생각을 마주치지 않으려 피하지 말고 더 똑바로 바라본다.

아무리 자각을 해서 무력화시키려 노력해도 자동화된 사고가 효력을 발휘해 긴장이 상승하는 경우도 생긴다. 처음 시도하는 거니까 당연히 그럴 수 있고, 그래도 정말 괜찮다. 사실 괜찮은 정도가 아니라 큰 소득일 때가 더 많다. '아, 정말 이런 생각이 스쳐 가는 순간에 긴장이 급상승하는구나.' 몸소 느끼는 것은 귀중한 체험이다. 긴장이 상승해버린 후에도 여전히 '자동화된 사고'에 대해서 골똘히 생각해 줘야 한다. '그래, 자동화된 사고가 내 무의식을 훑고 지나가서 긴장이 상승하고 공황발작의 역치 수준에 닿았나 보다. 그래서 지금 땀이 나려 하고, 몸이 좀 달아오르는 것 같고, 심장이 쿵쾅거린다. 정말 배운 대로 딱 그렇게 진행하는구나. 그럴 수 있지. 그렇다고 산소가 부족한 건 아니잖아. 내 몸과 정신 상태를 계속 점검하자. 이런 증상들이 있다 해서 지금 생각이 정지된 건 아니잖아. 생각보다 정신이 또렷한 것 같다. 눈앞의 상황도 모두 파악하고 있고, 손과 발도 내가 의도하는 대로 움직이고 있잖아. 그래, 이대로 10분간 내 몸과 마음을 지켜보자.' 그렇게 공황발작 증상을 피하지 않고 받아들이면서 자동화된 사고와 몸의 감각에 집중한다. 그리고 가던 길을 계속 간다. 그 자리를 황급히 벗어나려고 애쓰지 않는다. 증상을 순순히 받아들이고 버텨 준다. 시간이 지나면서 점차 가라앉는 걸 확인한다면 큰 소득이다. 이론으로만 배우던 걸 몸으로 확인하면 아주 강력한 치유 효과를 보게 된다. '막상 부딪혔더니 공황발작이 안 오더라' 하는 사람보다 '막상 부딪혔더니 공황발작이 또 왔다. 이해하고 받아들이면서 시간이 좀 지나니까 정말 가라앉았다' 하는 사람이 더 빨리 치유된다. '이런 거 한 번 더 해봐도 괜찮을 것 같다'는 생각이 든다면 거의 다 극복한 셈이다. 공황발작에 시달리는 10분 동안에도 몸과 정신에 아무런 이상이 없이 온전하게 작동하고 있다는 것을 깨닫는 건 더없이 귀중한 경험이다. 혼비백산한 마음이 문제일 뿐 이런 증상들은 '백 미터 달리기 후 헐떡거림'과 다름이 없다는 걸 몸소 체험하고 나면 당장 그다음 날부터 공황장애가 눈 녹듯 사라질 수도 있다. 실제로 그런 사람이 상당수다. 체험보다 더 좋은 통찰은 세상에 없다.

길잡이 넷   어지럼증의 원인은 과호흡이다. 호흡은 길고 낮게 내뱉
는다

　　막상 공황발작이 와도 재빨리 벗어나려고 애쓰지 말고 가
만히 받아 주는 게 정석이다. 그 순간, 들숨보다는 날숨에 더 집중
하는 게 낫다. 우리 몸은 호흡에 문제가 생겼다고 착각을 하고 자
동적으로 숨 들이마시기에 몰두한다. 잠시 실험을 해 보기를 권한
다. 짧은 시간 동안 과격하게 숨을 "헉, 헉, 헉" 들이마셔 보라. 1초
에 세 번, 3초간 열 번 정도를 들이마신다. 금세 어지러움을 느낄
것이다. 반대로 "아~~~" 하고 소리를 낮은음으로 길게 내뱉으면
서 숨을 뱉어 본다. 대략 5초 정도, 장탄식을 하듯이 숨을 뱉으면
서 소리를 길게 뽑아 본다. 이때 몸을 축 늘어뜨리면 더 좋다. 온몸
이 차분하게 가라앉는 걸 느낄 수 있을 것이다. 공황발작이 온 순
간에는 이처럼 몸을 나른하게 늘어뜨리고 숨을 낮고 길게 내뱉으
면 어지러움을 다소 줄일 수 있고, 공황발작 증세가 더 빨리 가라
앉을 수도 있다.

　　공황발작이 일단 점화되면, 무슨 수를 써도 억지로 멈춰 세
우지는 못한다. 증상이 한 사이클을 다 돌리고 나서 가라앉는 건
정해진 이치다. 다만 날뛰려는 마음을 붙잡고, 몸의 힘을 빼고 최
대한 이완시키면서 호흡을 길게 뱉어 주면 공황발작이 쓸고 지나
간 후에 피로감을 훨씬 덜 느낄 것이다. 안 그래도 우리의 뇌와 육

체가 위기상황으로 착각을 한 나머지 온몸의 세포들이 에너지를 강렬하게 쏟아붓고 있는데, 생각도 혼비백산하고 마음도 초조한 데다 호흡마저도 과격하게 들이마시면, 공황발작이 잠잠해진 후에 피로감이 상당할 것이다.

나를 겨누는 공황에 속지 않는 법

길잡이 다섯   회피 및 안전행동의 역설을 깨닫는다

회피 및 안전행동은 자동화된 사고에 대한 증거다

각성이 역치 수준을 넘기려면, 그 순간 각성이 솟아오르게 하는 '촉발자극trigger'이 필요하다. 촉발자극은 일반적으로 상황(때와 장소) 그리고 자동화된 사고, 이렇게 두 가지로 구성된다. (건강염려증이 있는 사람의 경우에는 신체감각의 변화가 공황발작을 촉발하는 강력한 자극이 된다. 이는 뒤에서 자세히 다루도록 하겠다.) 공황발작을 겪는 때와 장소는 각양각색이다. 각 개인마다 유독 공황발작을 잘 겪는 자기만의 때와 장소가 있다. 어떤 이는 밤에 자기 전에, 또 다른 이는 아침에 일어나자마자, 어떤 이는 사람 많은 곳에서, 또 다른 이는 혼자 있을 때 공황발작이 찾아온다. 그 상황을 어떻게 느끼고 해석하는가의 문제다. 혼자여서 느긋해지는 사람이 있는가 하면 혼자라서 불안해지는 사람이 있다. '그 상황에서의 그 생각'이 공황발작의 촉발자극이 된다. 사람들마다 자기만의 '그 상황, 그 생각' 세트를 갖고 있다. 그걸 다 찾아내야 한다. 그런데 설령 찾아내도 받아들이기 어렵다. '내가 정말 그런 비합리적인 엉뚱한 생각을 한다고? 설마…' 이런 식이다. '그 상황, 그 생각'을 검증하는 방법은, 이미 앞에서 언급한 것처럼 '그 상황, 그 행동(또는 그 행동에 대한 강한 충동)'을 면밀히 관찰하는 것이다. 즉 회피행동 및 안전행동은 자동화된 사고에 대한 훌륭한 증거가 된다.

회피 및 안전행동은 자동화된 사고를 더욱 부추긴다

회피 및 안전행동은 자동화된 사고를 더욱 부채질하는 역할도 한다. 이것을 깨닫는 게 매우 중요하다. 이걸 다 깨닫고 나서 돌아보면 허탈할 정도로 쉽고 당연한 말이다. 그런데 이렇게 뻔하고 단순한 진리가 마음에 와닿기 전까지는 안개 속을 헤매는 것처럼 어리둥절하다. 천천히 꼼꼼하게 읽으면서 마음속의 흐름을 점검해보시기 바란다.

　　공황발작을 경험하는 각각의 상황마다 어떤 자극이 눈과 생각을 사로잡는지(상황에 대한 인식), 어떤 불길한 생각들이 마음을 휘젓고 다니는지(자동화된 사고), 그처럼 초조한 상태에서 어떻게 행동하는지(회피/안전행동), 그럼으로써 어떤 결과들이 이어지고 그런 행동들이 어떻게 불길한 생각들을 더욱 부추기는지 몇 가지 예를 통해 살펴보겠다.

예시 1 막혀 있는 더운 곳 회피하기. 특히 잘 보여야 하는 사람들과 함께일 때

→ 상황 인식: 어려운 분들을 모시고 운전을 한다. 공기가 텁텁하고 덥다.

→ 자동화된 사고: '곧 심장이 뛰고 호흡이 뻑뻑해지고 땀이 날지도 모른다, 예전처럼.'

→ 안전행동: 아이스 커피로 목을 차갑게 적시면서 자주 몸을 식혀 준다. 손수건이나 티슈로 얼굴과 목을 미리 그리고 자주 닦는다.

→ 상황 인식: 몸이 더워지면서 모든 증상이 시작되려 하는 걸 느낀다.

→ 자동화된 사고: '공기가 순환되지 않으면 산소 부족으로 질식할지도 모른다.' '몸이 말을 안 들어서 큰 사고를 낼지도 모른다.'

→ 안전행동: 창문을 조금 내린다. 찬 바람이 머리에 닿는다. 잠시 안도감을 느낀다.

→ 이어지는 상황: 사람들이 다들 한마디씩 한다. '찬바람이 들어와서 춥다.' '더워서 그래? 젊음이 좋긴 좋구나.' '답답해서 그런 모양이네, 잠깐 열고 달려도 나는 괜찮아.'

→ 상황 인식: 괜한 짓을 했다. 나에게로 관심을 집중시켰다.

→ 자동화된 사고: '증상을 들켜서 나약해 보이면 이미지를 망친다. 기억을 지울 수 없으니 이미지를 다시 회복할 길은 없다.'

→ 안전행동: 창문을 닫는다. 물을 많이 마셔서 화장실이 급하다고 양해를 구한다. 적당한 곳을 찾아 차를 세운다. 화장실에 가서 찬물로 세수를 하고 몸의 땀을 닦고 길고 크게 심호흡을 한다.

→ 자동화된 사고: '덥고 텁텁하면 어김없이 탈이 난다. 몸이 고장 났나 보다. 그럴 줄 알았다. 나는 원래 허약했다.'

→ 안전행동 추가: 절대 사람들을 태우고 운전하지 않는다.

→ 안전행동 추가: 훈훈하고 공기가 텁텁한 곳에서의 회식을 피한다.

→ 안전행동 추가: 사람들의 눈치를 안 보고 세수하고 땀을 닦을 수 있는 화장실이 주변에 있는지 늘 확인한다.

→ 이어지는 상황: 공황발작이 더 빈번하게 발생한다. 지하철, 버스, 영화관에서도 긴장이 급상승한다. 회사 미팅에서도 공황발작으로 인해 당황하는 자신의 모습을 상상한다. 미팅 중 화장실에 좀 길게 다녀온 후 사람들의 눈치가 어떨지에 대해서도 나도 모르게 상상하고 있다.

→ 자동화된 사고: '할 일이 많다. 모든 걸 위태롭게 유지하고 있다. 직장, 지위, 미래, 이미지, 대인관계···. 몸이 망가지면 삶이 무너지는 건 시간문제다.'

→ 안전행동 추가: 오랫동안 안 다니던 체육관에 다시 다닌다.

→ 안전행동 추가: 몸에 나쁜 음식과 술, 카페인을 멀리한다.

→ 안전행동 추가: 과로로 인한 증상들에 대해 자세히 조사한다.

→ 이어지는 상황: 늘 긴장이 팽배해진 상태다. 한가한 시간이 오면 어김없이 무슨 걱정을 하는지도 모른 채 걱정이 무성하다. 만성피

로감에 시달린다.

→ 안전행동 추가: 명상 및 요가 학원에 등록한다.

→ 안전행동 추가: 마음을 비우고 내려놓고 잇는 방법을 가르쳐 주는 책들을 찾는다.

이렇게까지 번져가는 경우가 흔하다. 안전행동이 자동화된 사고를 부추기고, 불길한 예감은 자꾸만 현실이 되면서 좌절이 쌓이고, 또 다른 안전행동을 낳고, 새로운 불길한 예감으로 이어지고, 그러면서 더 많은 상황으로 불안이 물들어간다. 이런 식으로 악순환의 흐름을 타고 있었음을 낱낱이 깨달아야 한다. 자동화된 사고, 안전행동, 회피행동, 그리고 결과적으로 이어지는 흐름들을 하나하나 다 찾아내고 몸소 느껴야 한다. 안전행동이 불안을 누그러뜨리기는커녕 오히려 불길한 예감을 증폭시킨다는 걸 깨달아야 한다. 안전행동과 자동화된 사고의 흐름이 이런 악순환을 낳는다는 걸 깨닫는 것만으로도 마음이 조금은 누그러진다. 나아가서 이를 계속 인지하고 있으면 누적된 긴장을 어느 정도 완화시킬 수 있다. 게다가 공황발작을 점화시키던 그 상황에서 안전행동을 그만두고 자동화된 사고가 스쳐 가는 순간에 자각해서 멈춰 세우면, 기세 좋던 공황발작의 불씨에 찬물을 끼얹는 효과를 낼 수 있다. 세 번째 길잡이를 기억하시기 바란다. "무의식중에 스쳐 가는 자동화된 사고를 현장에서 붙잡아 멈춰 세운다."

예시 2 낯선 군중 사이에 홀로 파묻혀 있을 때

→ 안전행동: 전날 직장 회식에 불참하고 일찍 귀가했다. 밤에 일찍 잠을 청했다. 잠들기 전에, 다음날 혹시 생길 수 있는 돌발 변수들에 대해 하나하나 떠올려보고 일일이 대비책을 생각해 보았다.

→ 이어지는 상황: 잠들기 전에 점점 긴장이 높아졌고, 결국 잠을 설쳤다. 아침에 몸이 무겁고 머리가 지끈거린다. 오늘 할 일이 산더미다. 하나라도 삐끗하면 줄줄이 무너진다. 출근길에 양복 입고 고개를 숙인 채 벤치에 앉아 있는 실직자로 보이는 남자를 봤다. 출장 간 남편은 지금 뭐하고 있을까? 인산인해를 이룬 주위 사람들의 시선이 차갑다. 다들 제 갈 길 바빠 보인다. 모두가 잠재적인 경쟁자다. 내가 낙오하고 무너지면 조롱의 눈빛을 던질 사람들이다.

→ 자동화된 사고: '내게 남편이 없다면?' '내가 실직이라도 한다면?'

'세상은 위험하다. 사람들은 차갑다. 누구나 결국은 혼자다.'

'기력이 떨어지면 모든 게 와르르 무너질 수도 있다.'

'정신을 놓지 말고 바짝 조여야 한다.'

→ 증상의 시작: 빨라진 심장박동, 가빠진 호흡, 극도의 피로감, 손발이 떨림, 동공이 진동함, 시야가 흐릿해짐, 어지러움, 온몸의 힘이 빠져나감, 주위 상황과 내가 동떨어져서 붕 뜬 느낌

→ 자동화된 사고: '여기서 쓰러지면 일어나지 못할 것만 같다.'

'사람들은 동정이나 조롱의 눈으로 바라보거나 못 본 척 지나칠 것이다.'

→ 안전행동: 눈과 손발에 힘을 잔뜩 주고, 종종걸음을 재촉한다.

회사 건물에 가까워질수록 발걸음에 더욱 속도를 낸다.

→ 이어지는 상황: 건물 안으로 들어서고, 익숙한 얼굴들이 보이면서 안도감이 밀려온다. 아는 사람을 외면하진 않을 것이다. 이젠 쓰러져도 즉각 도움을 받을 수 있다.

→ 자동화된 사고: '기운이 떨어졌다. 신체 배터리가 얼마 남지 않은 것 같다.' '이런 증상이 또 오면 이겨내지 못하고 쓰러질지도 모른다.' '쉬기 시작하면 정신이 나른해지면서 몸이 가라앉을 것만 같다.' '나약한 모습을 보이면 쓸모없는 사람으로 여겨질 것이다.'

→ 안전행동: 출근 후 휴식 없이 바로 일을 시작한다. 직원들과의 불필요한 수다를 삼간다. 모든 일을 효율적으로 처리해서 제때 마무리하도록 신경을 곤두세운다. 점심은 백화점 식당가에 가서 혼자 먹는다.

→ 상황 인식: 사람이 많다. 시끄럽다. 몸이 여기저기 쑤시고 녹아내릴 듯 피곤하다. 머리가 지끈거린다.

→ 증상의 시작: 사람들의 웅성거리는 소리가 망망대해의 거친 파도처럼 내 머리를 때리고 밀치고 흔들어대는 것만 같다. 호흡이 거칠어진다. 심장이 쿵쾅거리고, 손발과 동공이 떨리기 시작한다.

→ 안전행동: 고개를 숙이고, 눈을 감고, 숨을 몰아쉬면서 기도하듯 맞잡은 손에 힘을 꽉 준다. 정신줄을 놓치지 않도록 생각을 멈추지 않는다. 나는 누구이고 여기는 어디이며, 조금 후에 나는 무슨 일을 할 것인가에 대한 생각을 계속 점검한다.

→ 이어지는 상황: 거칠던 파고가 잠잠해진 후(공황발작이 가라앉은 후), 온몸이 천근만근 무겁다. 먹다 남은 음식을 쓰레기통에 버리고 황급히 사무실로 돌아온다.

→ 안전행동: 바로 일을 시작한다. 조심스럽게 천천히, 그러나 정신이 느슨해지지 않도록 신경을 바짝 세운 채 일을 진행한다.

→ 자동화된 사고: '전날 잠을 설친 게 치명적이었다.'

　'몸이 많이 쇠약해졌다. 위험 수위에 가까이 온 것 같다.'

　'오늘도 누구보다 많은 일을 완수했다. 나는 아직은 쓸모가 있다.'

→ 안전행동: 퇴근 후 저녁을 잘 챙겨 먹는다, 입맛은 전혀 없지만. 헬스장에 들러서 유산소 운동을 한다. 몸에 기운이 살아 있음을 확인한다. 남편에게 전화한다. 별일 없냐는 말에 울컥해서 눈물이 났지만, 의연하고 씩씩하게 아무 일 없다고 말한다.

→ 이어지는 상황: 잠을 청해야 하는데, 외롭고 무섭고 먹먹하고 슬프다. 걱정이 꼬리에 꼬리를 물고 이어진다. 생각이 점점 무성해지고 잠이 달아난다. 내일 아침의 무거운 고통이 뇌리를 스쳐 지나간다.

→ 증상의 시작: 공황발작이 시작된다.

→ 안전행동: 벌떡 일어나서 왔다 갔다 한다. 결국 친구에게 전화를 건다. 친구가 앰뷸런스를 불러 줬고, 응급실로 달려와 주었다. 앰뷸런스가 올 때까지 정신줄을 놓지 않기 위해 주기도문을 암송했다.

→ 이어지는 흐름: 아침에도, 밤에 잠들기 전에도, 혼자 있을 때에도,

주위에 낯선 사람들이 많고 웅성거릴 때에도, 낮에 사무실에서 일하다가 머리가 지끈거릴 때에도, 피로감이 엄습할 때에도 공황발작이 온다.

무의식 안에서 날뛰던 것들을 의식으로 끌어올리면
차분하고 잠잠해진다

이 여성의 무의식에 흐르던 생각을 막상 의식 위로 끌어올리고 보면, 여러 가지 모순이 눈에 띈다. 첫째, 하룻밤 정도 잠을 설친다 해서 절대 몸에 큰 고장이 나지 않는다. 그럴 리가 없지만, 그게 사실이라고 믿는다 치자. 그렇다고 왜 하루종일 무리를 사서 하는 걸까. 너무 비합리적이고 엉뚱한 대처법이다. 이 여성은 몸이 쇠약해지다가 기운이 방전되면 그대로 몸이 가라앉아버릴 것만 같은 두려움을 느낀다. 그래서 에너지의 소모를 막으려고 직장 동료들과의 잡담이나 회식 자리를 피한다. 그런데 몸을 늘어뜨리고 잠시 휴식을 취하는 것도 꺼린다. 낮에 일하는 중에도 짬짬이 휴식을 취하면 도움이 될 테지만 그걸 차마 하지 못한다. 공황발작 중에도 몸에 힘을 잔뜩 준다. 사실 정확히 그 반대로, 몸에서 최대한 힘을 빼고 이완시키는 게 낫지만 차마 그러지 못한다. 몸에서 힘을 빼면 모래성이 무너지듯 허무하게 무너져내릴 것만 같다는 공포를 느낀다. 몸이 쇠약해지지 않았다고 부정하고 싶은 간절함이 무의식중에 더 크게 작용하기 때문이다. 그래서 정신과 육체가 아직 멀쩡하다는 것을 스스로에게 확인시키고 싶은 초조함이 강하다. 정확히 모순이지만 무의식은 그런 걸 눈치채지 못한다.

둘째, 무의식중에 낯선 군중은 자신이 쓰러져도 돕지 않을 거라고 막연히 생각한다. 반면에 회사 동료들은 아주 남은 아니기에 자신에게 무슨 일이 생기면 구해 줄 거라는 믿음이 있다. 그러나 동시에 자신이 실수하거나 부족한 모습을 보이면 비난하고 내칠 거라는 두려움도 있다. 그래서 그들에게 나약한 모습을 보이기를 극도로 꺼린다. 누구보다 열심히 일에 매진하고, 실수가 하나라도 나오면 안되기에 신경을 바짝 곤두세운다. 몸이 천근만근이어도 그걸 드러내지 못한다. 몸이 부서져라 일하면서 자신의 값어치를 인정받으면 자신이 위기에 빠질 때 외면하거나 내치진 않을 거라고 생각한다. 그런 생각이 무의식 깊이 새겨져 있는 것처럼 행동하고 있음을 스스로 자각해야 한다.

셋째, 남편이 없으면 자신은 망망대해에 홀로 떠도는 부표와 같은 신세라고 느낀다. 그런데 막상 남편에게 의지하고 싶을 때 힘들다고 말하지 못한다. 회사에서와 마찬가지로 스스로 자신을 고립시킨다. 짐이 되기 싫은 것이다. 짐스러운 존재가 되면 버려질 거라는 막연한 불안감이 있을지도 모를 일이다. 그건 아무래도 아주 오래된 무의식의 습관일 것이다.

자신의 의식과 무의식 사이의 모순에 대해서 인지해야 한다. 무의식 안에서 흐르는 악순환의 고리를 의식 안에서 완전하게 인지하고 납득하는 것만으로도 자동화된 사고의 위력은 급격히 감소한다. 무의식은 논리적 검증이라는 게 없기 때문에 불길한 생각이 스쳐 가는 순간 이미 나쁜 일이 벌어진 듯한 감정이 솟구친다는 것은 이미 여러 번 강조했다. 그뿐 아니라 무의식은 일 초에 수만 가지의 생각을 할 정도로 생각의 회로가 빛의 속도라는 것을 꼭 기억하시기 바란다. 그에 비하면 의식 안에서는 아기 코끼리 걸음마 수준에 불과하다. 그래서 무의식 안의 흐름을 의식에서 잡아내면 생각의 회로가 급격히 감속되면서 감정의 파고가 이내 잔잔해진다. 그것만으로도 이미 어느 정도 치유가 된 듯한 느낌을 받는다.

회피행동과 안전행동은 느긋하게 생각하고 차분하게 선택해서 지긋하게 실행하는 게 아니라 황망한 상태로 허둥대면서 황급히 일어난다. 자신이 행동을 하는 게 아니라 행동이 자신을 끌고 다니는 모양새다. 무의식중에 일어나는 자동화된 사고는 안전행동을 발사하는 방아쇠와 같다. 당겨지면 날아가고, 되돌릴 수가 없다. 당겨지기 전에, 당긴 후의 결과를 천천히 그리고 낱낱이 헤아려 보아야 한다. 자동화된 사고와 안전행동의 실체를 꼼꼼히 인지하고 의식 안에서 느긋하게 다루어야 한다. 자동으로, 빛의 속도로 돌아가던 생각의 회로를 멈춰 세워야 안전행동을 하지 않겠다는 차분한 선택과 지긋한 실행이 가능해진다.

길잡이 여섯 '긍정적으로 생각하기, 나쁜 생각 안 하기'를 그만두어
야 한다

가족이나 가까운 지인들은 하나같이 "마음을 굳게 먹고 나쁜 생각은 되도록 하지 마."라고 격려한다. 안 그래도 본인 스스로 어떻게든 나쁜 생각을 하지 않으려고 애를 쓰는데 그럴수록 안전행동에 더 몰두하게 된다. 그리고 결국 다 소용없다. 어느덧 불길한 생각이 스치고 어김없이 공황발작이 점화된다. 점점 더 무기력함을 느낀다. 그러는 중에 누군가가 또 '왜 자꾸 나쁜 생각을 해서탈이 나느냐. 강하게 마음 먹으라' 조언한다. 올바른 방향을 제시해 주는 사람이 주위에 없다. 당연하다. 알면 가르쳐 주겠지만 모르는 걸 어떡하겠는가. 선한 의도는 이해하겠지만, 결과적으로는 모두가 한결같이 반대로 가르치고 심지어 나무라기까지 하는 셈이다. "왜 그렇게 나약하니? 나쁜 생각을 하지 말라고 했잖아. (나처럼) 긍정적으로 생각하면 이겨낼 수 있어." 직접적으로 또는 암묵적으로 이런 메시지를 꾸준히 전달한다. 때로는 옆 사람이 아무말도 안 해도 혼자서 지레짐작한다. '말은 안 하지만 내게 무슨 말을 하고 싶은지 다 알아.' 자꾸 하소연해 봐야 자신만 나약해 보이고, 괜한 부담이나 주는 것 같아서 말을 아끼고 삼킨다. 그럴수록 가까운 이들은 힘들어하는 자신을 그냥 내버려두게 된다. 괜찮은 줄 아니까. 결국 자기 혼자 서운해지면서 자존심이 상한다. 서운해

하는 자신을 느끼면, '나약한 거 맞네' 생각이 들면서 자조적인 기분에 또 젖는다. 이쯤 되면 사람들과 함께 하는 시간이 점점 불편해지면서 혼자만의 시간이 더 늘어나기도 한다. 예시 2의 여성에게 남편이 "긍정적으로 생각해. 굳은 의지를 가지고 이겨내 봐."라고 한다면 어떨까. 힘이 될까, 더 무겁게 짓누르는 결과가 될까.

사람들에게 어떻게 보일지 이미지에 신경을 많이 쓰는 사람은 점점 더 예민하게 걱정하기 시작한다. 남에게 힘든 내색을 잘 못하거나 서운한 걸 차마 입 밖으로 잘 꺼내지 못하는 사람이라면 점점 더 사람 만나기가 부담스러워진다. 기분이 좋을 때만 사람들과 편하게 어울릴 수 있고, 기분이 썩 좋지 않을 때엔 민폐가 될까 봐 부자연스러워지는, 그래서 차라리 혼자 있으려는 사람들은 점점 더 스스로를 고립시킬 것이다. 이들은 가까운 이들의 관심과 인정에 누구보다 더 의존하는 사람들이다. 그래서 외로움과 고립감이 심화되면서, 결국 위태롭게 붙잡고 있던 자존감이 바닥까지 내려간다. 사람 만나는 자리가 점점 더 불편하고 두려워진다. 외로움에 못 이겨 만나 보려 하다가도 두려움에 눌려서 주저앉게 된다. 이대로 더 나아가면 삶 자체가 의미 없게 느껴지기도 한다. 이렇게 사는 건 사는 게 아니라는 생각에 자꾸만 젖어들 수 있다. 외로움과 번민이 많아지면 한가한 시간이 가장 두려워진다. 사람이 그립고 생각이 많아지기 때문이다. 어디서부터가 잘못이고 어떻게 하다가 이렇게까지 꼬였는지, 뒤를 돌아보면 아득하다.

너무 먼 길을 온 것 같다. 한 가지 분명한 것은, 이제라도 공황발작이 뭔지 정확히 알고 두려워하지 않아야 제자리로 돌아갈 수 있다는 점이다. 자동화된 사고, 회피행동, 안전행동이 더 이상 무의식 안에 숨어 있도록 놔두지 말아야 한다. '긍정적으로 생각하기'와 '나쁜 생각 안 하기'는 의도와는 달리 결국 자동화된 사고를 더욱 음지에 숨겨 놓는 결과를 초래한다.

악순환의 고리 끊기

길잡이 일곱 공황발작을 스스로 불러들여야 한다. 안 오기를 소망하지 않는다

자동화된 사고를 무력화시키고 회피 및 안전행동을 피할 수 있으려면 공황발작을 스스로 초대하고 맞이하러 나가야 한다. 굳이 오면 그때는 받아들이겠다는 자세도 여전히 수동적이다. 그건 공황발작 증세가 올라오지 않으면 좋겠다는 소망이 여전히 잠재하는 것이다. 그럴 땐 자동화된 사고와 안전행동의 유혹에 쉽게 빠진다. 의식이 잠시 한눈을 파는 사이에 무의식이 침투해서 휘젓는다. 그런 일이 순식간에, 그리고 자주 벌어진다. 방법은 딱 하나다. 두려움을 스스로 초대하고 맞으러 나가서 기다려야 한다. 그래야 안전행동과 자동화된 사고를 원천봉쇄할 수 있다.

예시 3 주말에 사람들이 운집한 대형마트에서 혼자 장보기

→ 자동화된 사고: '증상이 시작된 후 재빨리 빠져나가지 않으면 쓰러질 것이다.'

'꾹 눌러 참다가 사람들 앞에서 토할지도 모른다.'

'바깥의 찬 공기를 마시고 몸을 눕혀야만 진정이 될 것이다.'

'초라한 모습을 보이고 나면, 심한 우울에 빠져들 것이다.'

→ 안전행동: 사람들이 많은 시간을 피한다.

혼자 장보러 가지 않는다.

출구 및 화장실의 위치를 확인해 둔다.

꼭 필요한 물건만 서둘러 사고 빨리 떠난다.

→ 새로운 시도: 주말에 사람들이 운집한 대형마트에서 혼자 장을 본다.

윈도우쇼핑을 나온 사람처럼 모든 물건을 빼놓지 않고 다 둘러본다.

나의 자동화된 사고들을 머리에 자주 떠올린다.

혹시 공황발작이 오지 않기를 소망하고 있는 건 아닌지 점검한다.

혹시 회피 및 안전행동에 대한 충동이 올라오지는 않는지 점검한다.

혹시 증상이 시작되어도 '왔구나, 괜찮아, 지나갈 거야.'라고 생각한다.

호흡을 길고 낮게 뱉으면서 최대한 몸에서 힘을 빼고 이완시킨다.

서두르지 않고 계속 천천히 둘러본다.

주위 사람들을 둘러보면서 내 상태를 눈치채고 관심 있게 주목하는 사람이 있는지 확인한다.

증상들이 가라앉을 때까지 시간이 얼마나 걸리는지 확인한다.

그대로 그곳에 더 머무르면서 아무 생각 없이 편안하게 장을 보던 예전의 그 느낌을 기억해 본다. 예전의 그 느낌이 돌아올 때까지 그때처럼 아무렇지 않게 행동하면서 계속 장을 본다.

정말 토할 것 같은 느낌이 들면 화장실에 가서 호흡을 고르면서 안정을 취한다. 증상들이 가라앉은 후에 마트로 돌아와서 좋았던 예전의 느낌이 되살아날 때까지 더 오랜 시간을 머물러 준다.

→ 추가 시도: 백화점 등 사람들이 운집한 곳을 또 찾아간다.

며칠 후가 아니라, 그날 또는 바로 다음 날 다시 간다.

예전의 아무렇지 않던 그 느낌이 완연하게 살아날 때까지 반복한다.

예시 4 교통 체증이 심한 시간에 한 시간 이상 혼자 운전하기

→ 자동화된 사고: '심장마비가 올 수도 있다.'

'팔 또는 다리가 마비되어서 뜻대로 움직이지 않을 수도 있다.'

'증상이 시작된 후 재빨리 차를 세우고 내리지 못하면 큰일이다.'

'차를 세워 두고 탈출하면 온갖 비난과 욕설이 날아올 것이고, 계속 달리자니 큰 사고를 낼 것 같다.'

→ 안전행동: 여기저기 전화를 건다. 그러면서 행여 일이 생기면 곧장 도움을 줄 수 있는 사람이 누가 있는지 확인해 둔다. 그들에게 내 현재 위치와 상황을 미리 인지시켜 둔다.

→ 새로운 시도: 아무에게도 전화를 하지 않는다.

나의 자동화된 사고들을 머리에 자주 떠올린다.

혹시 공황발작이 오지 않기를 소망하고 있는 건 아닌지 점검한다.

혹시 회피 및 안전행동에 대한 충동이 올라오지는 않는지 점검한다.

혹시 증상이 시작되어도 '왔구나, 괜찮아, 지나갈 거야.'라고 생각한다.

호흡을 길고 낮게 뱉으면서 최대한 몸에서 힘을 빼고 이완시킨다.

평소와 똑같이 앞, 옆, 뒤의 상황을 모두 둘러보면서 운전을 계속한다.

자신의 신체감각, 생각, 행동이 모두 정상적으로 작동하고 있음을 확인한다.

증상이 가라앉을 때까지 시간이 얼마나 걸리는지 확인한다.

그대로 더 오래 운전을 계속한다. 아무 생각 없이 편안하게 운전하던 옛날의 그 느낌을 기억해 본다. 예전의 그 느낌이 돌아올 때까지 조금 더 길게 계속 주행을 한다.

→ 추가 시도: 그날 또는 바로 다음 날 똑같은 시도를 여러 번 반복한다. 예전의 아무렇지 않던 그 느낌이 완연하게 살아날 때까지 반복한다.

예시 5 덥고 공기순환이 잘 안되는 식당에서의 직장 회식에 참석할 때

→ 자동화된 사고: '사람들 보는 데서 땀을 줄줄 흘리고 얼굴이 빨개지고 손을 떨고 호흡까지 떨리면 나약한 이미지로 낙인 찍힌다. 해명할 기회조차 없을 테니, 이미지를 다시 회복하기는 어렵다. 한번 일어난 일을 사람들의 기억에서 지울 수도 없다. 나에 대한 관심과 애정이 크게 감소할 것이다. 외로움이 심화되면 삶의 의미가 사라질 것 같다.'

→ 안전행동: 하루종일 카페인 음료를 마시지 않는다. (몸의 각성을 높이

지 않기)

회식에서도 술은 거의 마시지 않는다. (몸을 덥히지 않기)

뜨거운 국물 음식은 먹지 않는다. (땀이 날 일을 만들지 않기)

화장실 또는 출구에서 가장 가까운 자리에 앉는다.

평소보다 훨씬 과묵하게 앉아 있는다. (사람들의 주목을 받지 않기)

→ 새로운 시도: 아침에 커피 한 잔을 마시고 점심 때 한 잔을 더 마신다.

회식 자리에서 평소처럼 활기차게 말을 많이 한다.

뜨거운 국물과 술도 마다하지 않고 평소 그대로 즐긴다.

몸이 더워지고 땀이 나면 "땀이 나네?" 말하면서 손수건이나 티슈로 땀을 닦는다. 주위 사람들의 이목을 자신에게 끌어들인다.

나의 자동화된 사고들을 머리에 자주 떠올린다.

혹시 공황발작이 오지 않기를 소망하고 있는 건 아닌지 점검한다.

혹시 회피 및 안전행동에 대한 충동이 올라오지는 않는지 점검한다.

혹시 증상이 시작되어도 '왔구나, 괜찮아, 지나갈 거야.'라고 생각한다.

호흡을 길고 낮게 뱉으면서 최대한 몸에서 힘을 빼고 이완시킨다.

"잠시 화장실에 좀 다녀오겠습니다." 말하고 나갔다 온다.

화장실에서 땀을 닦고, 밖에 나가서 잠시 호흡을 고르고 10분 지나서 진정이 된 후 다시 들어와도 좋다. "더워서 잠시 찬바람 좀 쐬고 왔어요." 말한다.

활기찬 대화를 계속 이어간다. 평소 하던 그대로 한다. 아무 생각 없이 편안하게 대화하면서 웃고 즐기던 예전의 그 느낌을 기억해 본다. 예전의 그 느낌이 돌아올 때까지 계속 웃고 즐긴다.

→ 추가 시도: 기회가 있을 때마다, 또는 스스로 기회를 더 만들어서 똑같은 시도를 여러 번 더 한다.

예전의 아무렇지 않던 그 느낌이 완연하게 살아날 때까지 반복한다.

예시 6 밤에 혼자서 잠들기 전에

→ 자동화된 사고: '심장마비나 질식사를 당해도 구해 줄 사람이 없다.'

→ 안전행동: 조금 무리가 되더라도 되도록이면 친구 집에 가서 잔다.

누군가 집에 와서 함께 있어 줄 사람을 찾는다.

여기저기 전화를 건다. 행여 일이 생겨서 전화를 하면 곧장 달려와 줄 수 있는 사람이 누구인지 확인해 둔다. 그들에게 "내일 아침 일찍 내게 전화를 걸어서 깨워달라."고 부탁한다.

휴대폰을 머리맡에 두고 잔다.

→ 새로운 시도: 아무에게도 아무런 부탁도 하지 않는다.

자기 전에 공황발작을 불러오는 연습을 한차례 한다: 숨이 살짝 가빠지도록 제자리 뛰기를 한다. 호흡을 과격하게 3초간 열 번 이상 들이마신다. 심장이 뛰고 호흡이 가빠지면, 숨 들이마시기를 약간 더 해 주고 피크까지 끌어올려 본다. 전에 겪었던 공황발작 증세와 똑같다는 걸 확인한다. 시간을 재면서 몸에 힘을 빼고 호흡을 낮고 길게 내뱉으면서 증상들이 가라앉기를 기다린다. 다 가라앉은 후에 몸을 충분히 이완시킨 채 한 시간 정도 평소에 좋아하던 한가한 활동(예: 인터넷 서핑, 책 읽기, 영화나 드라마 보기 등)을 한다. 전화 걸어서 수다 떨기는 하지 않는다. 다시 잠자리에 들기 전에 10분 정도 곰곰이 생각에 잠겨 본다.

나의 자동화된 사고들을 머리에 자주 떠올린다.

혹시 공황발작이 오지 않기를 소망하고 있는 건 아닌지 점검한다.

혹시 회피 및 안전행동에 대한 충동이 올라오지는 않는지 점검한다.

호흡을 길고 낮게 뱉으면서 최대한 몸에서 힘을 빼고 이완시킨다.

추가로 이런 생각을 더 해 준다: '공황발작은 백 미터를 달린 후의 헐떡거림과 비슷하다. 사람이 옆에서 흔들어 깨우는 것보다 훨씬 더 강하게 몸과 정신을 흔들어댄다. 그러니까 자다가 공황발작이 오면 잠에서 깨지 않을 리가 없다. 결론은 사람이 곁에 없어도 아무런 탈이 나지 않는다는 것이다.'

그리고 잠을 청한다. 잠들기 전에 각성이 더 낮아지도록 '편안하고 행복한 상상'을 해 준다. 혹시 잠이 오지 않으면 일어나서 '편안하고 즐거운 활동'을 더 한다.

놀다가 졸리면 다시 잠을 청한다. 잠이 조금 부족해도 괜찮다고 생각한다. 다음날 조금 피곤하고 나른할 뿐이며, 그건 큰일이 아니라는 걸 생각해 준다. 굳이 억지로 잠을 청하지 않고, 잠이 오지 않으면 놀다가, 잠이 오면 그때 몸을 잠에 맡긴다.

→ 예상되는 흐름: 자다가 공황발작이 와서 깨어나도, 아까 연습했던 대로 몸을 이완시키고 쉰다. 증세가 한창일 때에도 몸과 정신이 정상적

으로 가동된다는 걸 확인한다. 예를 들어, 냉장고로 천천히 걸어가서 물을 꺼내 마셔 보거나 인터넷 서핑을 조금 해 본다. 증상이 가라앉는 걸 확인한다. 이론으로 배운 것들이 옳다는 걸 확인한다. 다시 잠을 청한다. 공황발작이 한 번 더 와도 괜찮다고 생각해 준다.

평소에 민감한 신체 부위가 공황발작 때 더 못 견뎌 한다

공황발작 때 겪는 증상은 저마다 조금씩 다를 수 있다. 거의 대부분의 사람이 겪는 대표적인 증상은 심장의 쿵쾅거림, 거칠어진 호흡, 그리고 어지럼증이다. 간혹 메슥거림과 토할 것 같은 느낌을 호소하는 사람들이 있는데, 소화기 계통이 원래 민감하기 때문이다. 메슥거림을 느끼는 사람 가운데 실제로 토하는 경우는 열의 하나도 안 될 정도로 없진 않지만 아주 드물다. 과민성 대장증후군이 있는 사람은 공황발작 때 아랫배 쪽이 매우 다급해진다. 손발이 마비되는 느낌에 시달리는 사람도 종종 있다. 실제로 마비되는 경우는 보고된 바가 없지만, 그럴 것만 같은 느낌이 너무 강해서 어쩔 줄 몰라 하는 사람은 드물지 않다. 평소에 후각이 지나치게 민감한 사람은 어떤 상황에서의 특유의 냄새가 공황발작을 불러오는 자극으로 작용할 수도 있다. 누구나 조금 더 민감한 신체 부위가 있는 법이다. 공황발작 때는 온몸이 과격하게 에너지를 쏟아붓기 때문에 다소 취약하고 민감한 부위가 잘 견디지 못하는 것이다.

스스로 불러들이기로 마음먹으면 다 해 볼 만하다

네 가지 예시의 공통점은 공황발작이 오도록 스스로 유도한다는 점이다. 그런 상황에서 그동안 어떤 자동화된 사고들이 공황발작을 점화시키곤 했었는지 파악이 되었으면, 이젠 그것들을 일부러 자주 떠올린다. 공황발작이 오지 않기를 무의식중에 은근히 소망하고 있는 건 아닌지 살핀다. 그러면서 안전행동을 버리고 정확히 반대로 행동한다. 이렇게까지 해 주면 공황발작이 끓어오르기도 전에 식어버리는 경우가 허다하다. 조금 김이 빠지기는 하지만 그것도 나쁠 건 없다. 똑같은 상황에서 똑같은 시도를 자주 반복해 주고, 아무리 반복해도 공황발작이 찾아오질 않으면 어쨌거나 성공적으로 극복했다는 자신감을 가질 수 있다. 반대로, 정말 공황발작이 끓어올라 육체와 정신을 흔들어대면 그것도 반가워할 일이다. 앞에서 이야기했듯 '왔구나. 그럴 줄 알았다. 어떻게 진행되는지 똑바로 지켜보자.'고 생각하면서 몸으로 느껴 본다. 증상이 올라오긴 했지만, 일상적인 모든 행동을 그대로 하는 게 정말 가능하다는 것을 확인하는 게 결정적으로 중요하다. 공황발작은 그저 '백 미터 달리기 후의 헐떡거림'과 다를 바 없다는 것, 그러니까 다소 불편하긴 하겠지만 육체와 정신이 멀쩡하게 기능하고 있다는 걸 진짜 믿을 수 있어야 한다. 10분 내로 정말 가라앉는지도 확인해야 한다. 이론이 충분히 납득되고 몸이 직접 체험하면서 확인해 주면 자신감은 견고해진다.

길잡이 여덟 공황발작이 쓸고 지나간 후, 그곳에 그대로 더 오래 머물면서 옛 느낌을 되살려 낸다

공황발작을 스스로 불러들여서 몸소 부딪히는 연습은, 짧은 시간 간격을 두고 충분히 자주 반복해 주는 게 좋다. 또한 공황발작이 쓸고 지나간 후에 그 자리에 일부러 더 오래 머무르면 효과가 더 좋다. 아무렇지 않았던 예전의 그 느낌이 되살아날 때까지 더 있어 주는 것이 완치로 한달음에 건너갈 수 있는 지름길이다. 그리고 바로 다음 날 다시 한번 시도하는 것이다. 한 달이 지난 후 다시 시도하면 처음처럼 다시 긴장이 많이 올라오는 경우가 많다. 하지만 어제 성공해 보고 그 여운이 아직 진하게 남아 있을 때 오늘 다시 시도하면 매우 수월하게 느껴진다.

길잡이 아홉 직접 부딪힐 용기가 나지 않아도 좌절하거나 서두를 것 없다. 지금까지 해왔던 것처럼 공황발작을 좀 더 맞아도 괜찮다. 배워 둔 이론이 언젠가는 마음에 와닿을 것이다

자신에게 들이닥친 공황발작을 완전하게 납득하기까지는 시간이 그리 오래 걸리지 않는다. 올바르게 배우고 정확하게 탐색하면 대부분 몇 주 만에 가능하고, 어떤 사람은 단 하루 만에도 가

능하다. 하지만 세상 모든 일이 그렇듯, 자기 마음을 알아가고 받아들이는 일 또한 그렇게 간단하게 완성되는 건 아니다. 물론 마음 안의 진실을 똑바로 바라보고자 애쓰는데 끝내 이해하지 못하고 돌아서는 사람은 거의 없다. 다만 시간이 좀 더 걸리는 사람은 그만큼 스스로 외면하고 잊으려 했던 일들이 마음 안에 많이 숨어 있고 그것들을 다시 꺼내서 똑바로 보는 것이 두렵기 때문이다. 쉽게 오든 먼 길 돌아서 오든, 마음의 온갖 여정과 맥락을 완전하게 이해하면서 공황발작이 납득이 되면 막상 몸소 부딪히는 연습은 누구나 어렵지 않게 할 수 있고, 확실한 효과를 보게 되어 있다. 한번 부딪히기까지 망설이고 주저하는 데에는 개인차가 있지만, 막상 부딪혀서 체득할 때의 효과는 매우 공평하다.

아직 몸소 체험할 용기가 나지 않는다면 억지로 덤빌 필요가 없다. 조금 더 자신을 알아가는 시간을 가지는 게 낫다. 이 책을 한 번 읽고 아직 용기가 나지 않는다면 두 번 세 번 다시 읽으면서 자기 무의식 속의 생각과 감정들을 충분히 통찰하는 시간을 더 오래 가져 본다. 공황발작이란 게 어차피 맞아도 치명타를 입히지는 못하는 솜방망이니까, 그저 놀란 가슴이 문제일 뿐이니까, 피하고 싶은데 못 피하고 맞은 게 억울할 뿐이니까, 까짓거 좀 더 맞아도 괜찮다. 이제 공황발작이 뭔지 배워서 알게 되었다. 회피 및 안전행동을 계속하면서 두어 달 더 공황발작에 시달리다 보면, '왜 아직도 아무런 큰일이 안 나지? 정말 이론대로인가 보다' 하는 생각이 점점 커질 것이다. 정확한 이론을 배운 후에는 몸소 부딪혀서 체험하기를 하지 않고 계속 회피하고 방어하면서 지내도, 그러다가 공황발작에 계속 시달리며 살아도, 어차피 결국은 이론을 인정하는 방향으로 마음이 움직이게 되어 있다. 때가 되면, '그래, 솜방망이 맞네. 잠시 헐떡거림에 시달린다 해도 어차피 10분인데 뭐 어때.' 하는 생각을 하게 될 것이다.

기저에 깔린
심리장애의 존재

길잡이 열   공황장애는 다른 심리장애의 실체를 밝혀놓고 슬그머 니 먼저 퇴장한다

    2부에서 자세히 이야기한 것처럼 정서장애와 성격장애를 오랫동안 갖고 살아온 사람에게 어느 날 갑자기 공황장애가 덮치 는 경우가 대부분이다. 정서장애나 성격장애로 진단될 정도는 아 니고 준임상군에 해당하는 특성을 가진 사람의 경우에도 마찬가 지다. 자주 그리고 쉽게 긴장하고, 긴장을 빨리 해소하지 못하고, 긴장이 누적된 상태에서 또 다른 긴장을 얹는 삶을 살고 있었기 때문에 공황발작은 사실상 예고된 필연이었다고 볼 수 있다. 그 걸 스스로 알지 못하기 때문에 공황발작이 너무 느닷없는 재앙이 라고 느낄 수밖에 없다. 그러면 몸과 정신에 큰 탈이 난 것처럼 공

포를 느끼는 게 정상이다. "공황발작이 결코 우연이 아니었음을 깨닫는다." 이것을 이해하는 것이 공황장애 치유에 있어서 결정적인 첫걸음이 된다는 점을 다시 한번 강조한다.

무의식 속 오랜 심리 습관들이 공황발작을 점화시키는 데 계속 관여한다

덧붙여서 한 가지 더 짚고 넘어가야 할 게 있다. 마치 몸의 일부처럼 오랫동안 마음속에 지니고 살아온 정서장애 또는 성격장애는 각성을 쌓아 올려서 공황장애가 시작되는 데까지만 기여하는 게 아니라 공황장애가 시작된 후에도 꾸준히, 직접적으로, 그리고 깊이 관여한다. 앞에 제시한 예들을 다시 꺼내서 차근차근 짚어 보자.

예시 1 깊이 들여다보기

잘 보여야 하는 어려운 분들을 모시고 운전을 하는데, 차 안이 덥고 텁텁해서 곤란해하고 있다. 남에게 보여지는 이미지를 무척 신경 쓴다. 초라해 보이면 큰일이고, 그런 식으로 이미지를 한 번 망치면 회복하기 어렵다고 염려한다. 회피성 성격장애를 가진 경우에 이런 두려움이 가장 강하다. 강하다는 말로 충분히 표현이 되지 않을 정도로 민감함이 상상을 초월한다. 그래서 이들은 가족이나 친척 또는 절친 정도를 제외하고는 사람들을 만나는 자리에 거의 나가지 않는다. 직장에 들어가기 위해 원서를 내는 일이 거의 없다. 잘 보여야 하는 어려운 분들을 모시고 운전을 해야 한다는 건 이들에게는 엄청난 사건이자 그 자체로 고문이다. 다시 말해 예시 1의 이 남성은 회피성 성격장애는 아니라고 단언할 수 있다.

이 남성에게 건강염려증이 있는 것처럼 보일 수도 있다. 몸이 고장 나는 걸 극도로 염려하고 있다. 하지만 건강염려증이 있다고 보기엔 너무 용감하게 버티면서 잘 감춘다. 건강염려증이 있는 사람이라면 아마도 운전대를 아예 잡지 않을 것이다. 몸에 조금만 이상 증세가 나타나도 열일 제치고 당장 갈 수 있는 병원을 찾아 예약하고, 가기 전에 인터넷에 들어가 온갖 정보를 다 섭렵하고, 차가 있어도 택시를 잡아타고, 택시 기사에게 "미안하지만 창문 좀 열어 달라"고 애원까지 할 것이다. 공황발작에 화들짝 놀란 상태에서는 누구나 조금은 건강염려 증세에 빠지는 법이다.

이 사람은 아마도 사회불안장애나 일반화된 불안장애가 좀 있을 가능성이 높다. 회사에서의 존재감을 걱정해서 어떻게든 단단해 보이려고 애쓰는 걸 보면 혹시 우울증에 종종 빠지는 사람일지도 모른다. 여러 가지 시나리오가 가능하다. 이 사람이 심리상담을 진행 중이라면 약간의 탐색 질문을 통해서 어렵지 않게 파악할 수 있다. 여기서는 편의상 사회불안장애를 조금 가진 사람이라고 상상해 보기로 한다. 회사에서 높은 분들과의 미팅에 참석할 때 긴장이 높아지고, 식은땀이 잘 난다고 가정해 보자. 식은땀이 나기 시작하면 신경이 쓰여서 더욱 당황하고, 그러다가 간혹 심장이 두근거리고 심지어 목소리까지 미세하게 떨리는 일도 더러 있었다. 어릴 적 기억을 더듬어 보니, 꼬마 때 친척들이 다 모인 자리에서 다른 아이들은 재롱을 잘도 부리는데 혼자만 땀 흘리며 금세 울 것처럼 괴로웠던 기억이 있다면 더 볼 것도 없다. 이런 사람은 대체로 어떤 특정한 상황에서만 긴장하고 일상에서는 여유롭고 자신감이 넘칠 수도 있다. 그렇다면 아마도 자신이 긴장을 잘하는 상황은 어떻게든 피하려 애쓰고, 자신이 여유롭게 대처할 수 있는 상황에서는 단단하고 능숙한 이미지를 구축하기 위해 세심하게 노력하면서 살아왔을지도 모른다. 여기까지 이해하고 나면 왜 굳이 '그런 상황에서 그런 생각'이 무의식중에 자동화된 사고로 떠오르는지 납득이 된다.

　　이런 통찰에 이르면, 공황발작을 불러들여서 부딪히는 연습을 하기도 전에 공황발작이 사그라들 가능성이 많다. 그런 상황에서 왜 그렇게 각성이 솟구치면서 공황발작이 점화되곤 했는지 납득이 될 것이다. 사회불안으로 인해 높아진 긴장은 곧바로 쉽게 사그라들지 않겠지만, 공황발작을 점화시키던 자동화된 사고들은 힘을 잃을 것이다. 몸에 큰 고장이라도 난 것처럼 혼비백산하지는 않을 것이다. 최소한 운전하다가 사고를 낼 일이 없다는 것은 확신할 수 있을 것이다. 즉, 사회불안은 그대로 있어도 공황장애는 금세 사라질 수 있다.

<u>_____ 예시 2</u> **깊이 들여다보기**

이 여성은 건강염려증일 가능성이 있다. 혹시 평소에도 병원에 가서 검사를 받는 걸 유난히 기피하는지 확인해야 한다. 조현병 또는 알 수 없는 심각한 정신질환이 의심되면 검진을 받아보면 될 일이다. 기운이 너무 쇠약해져서 언제 쓰러질지 모를 정도로 위태로운 상태일까 봐 염려되면 병원을 찾아가서 진료와 검사를 받아보면 확인할 수 있을 것이다. 만약 육체의 병이건 정신의 질환이건 이미 심각한 상태라는 확진 또는 다소 위험한 상태라는 경고를 받는 게 겁이 나서 미루고 있다면 건강염려증(공식진단명은 '질병불안장애Illness Anxiety Disorder')을 의심해야 한다. 하지만 그 정도만으로 속단해선 안된다. 그 외에도 건강염려증에 해당하는 여러 가지 특징들을 더 점검해야 한다. 크게 두 가지 유형이 있다. 먼저 평소에 건강 관리에 지나치게 세심한 주의를 기울이고, 조금만 이상해도 정보를 찾아보고, 몇 시간씩 그 문제로 혼자 전전긍긍한다면 전형적인 건강염려증이다.

이 여성은 그럴 가능성은 별로 없어 보인다. 그렇다고 하기엔 너무 덤비고 지독하게 버틴다. 그래서 두 번째 가능성에 조금 더 무게가 실린다. 즉, 건강에 대해 지나치게 과신하는 방어기제에 사로잡혀 있는지 확인해 볼 필요가 있다. 적당히 자신 있는 게 아니라 몸을 함부로 굴린다는 느낌이 들 정도로 자신 있어 한다면 건강염려증을 의심할 수 있다. 술이나 담배를 과하게 하고, 과로를 밥 먹듯이 하고, 나쁜 음식을 아무렇지 않게 먹고, 때로는 과식도 마다하지 않거나 굶어도 개의치 않고, 잠을 많이 못 자서 피곤해도 좀처럼 앓는 소리를 하지 않는 건 자신을 넘어서 과신 또는 맹신에 가까운 행동이다. 강한 부정은 강한 긍정이다. 건강에 이상이 있을 리가 없나는 걸 믿기 위해 혹사를 하면서도 견뎌내는 강인함을 스스로에게 확인시키는 것이다. 그러면서 병원에 가야 할 만한 충분한 이유가 생겨도, 심지어 가족, 친지, 친구들이 조르고 윽박을 질러도 계속 변명이나 큰소리로 일관하면서 끝내 병원에 가지 않는 황소고집이라면 틀림없는 건강염려증, 그것도 중증이다. 이 여성이 이런 심리를 갖고 있을 가능성이 조금은 있어 보인다. 평소에 건강과 관련해서 어떤 태도를 갖고 살아왔는지, 혹시 어릴 적에 건강과 관련한 나쁜 기억이 없는지 확인해 보면 쉽게 파악할 수 있다.

이 여성이 건강에 대해 지나치게 염려하는 습관이 전혀 없을 수도 있다. 누구나 공황발작을 겪다 보면 이와 비슷한 태도를 취할 가능성이 충분히 있다. 만약 건강염려증이 전혀 없다면, 자신의 독립성과 쓸모 있음을 증명하려는 태도가 몸에 깊이 배어 있다는 점에 주목해야 한다. 바꿔 말하면, 자신이 의지하는 가까운 이들에게 절대로 짐스러운 존재가 되면 안된다는 생각이 무의식 깊이 박혀 있는 모습이다. 이런 건 어느 날 갑자기 생기는 습관이 아니다.

이 여성에겐 사람들이 서로에 대해 차갑고 적대적일 거라는 막연한 두려움도 있다. 세상은 어차피 혼자니까 스스로 모든 걸 이겨내고 해결해야 한다는 압박감도 상당하다. 이런 주관적인 인식들도 어느 날 갑자기 생기는 게 아니다. 일반화된 불안장애 또는 우울장애, 아니면 두 가지를 다 갖고 살아왔을 가능성이 매우 높다. 살아오는 내내 몸의 일부처럼 익숙해져 온 지속적인 압박감, 만성화된 불안, 고질적인 외로움이 각성을 쌓아 올려서 공황장애의 시작을 이끌었고, 그뿐 아니라 공황장애가 시작된 후에도 계속해서 공황발작을 점화시키는 역할을 한다. 게다가 평소에 건강염려증이 없었다면 공황장애가 시작된 후에 '전에 없던 엄청난 공포'가 하나 더 얹힌 셈이다. 안 그래도 줄타기하듯 팽팽한 긴장 속에서 살고 있는 사람에게 몸에 큰 고장이라도 나서 언제 쓰러질지 모른다는, 즉 언제 제구실을 못 하고 민폐가 될지 알 수 없다는 두려움이 스며들었다. 이 여성에게는 이보다 더 잔인한 게 없을 것이다.

만약 어릴 적 기억을 들추어 보니 눈치 보면서 얹혀살았던 과거가 있었고, 자신이 환영받지 못하는 성가신 존재인 것 같은 느낌이 무의식 깊이 각인되어 있었다면 어떨까. 갑자기 이 모든 게 다 납득이 되지 않는가. 그렇게 마음 깊이 새겨진 느낌들은 어른이 된다고 깨끗이 증발하지 않고 언제 어떤 형태로건 다시 피어오르는 법이다.

지금 당장은, 무엇보다 신체와 정신이 고장 나서 무너질 일은 없다는 것부터 배우고 확인하고 안심하는 게 우선이다. 만약 그녀의 남편이 여기까지 이해하게 된다면 몸이 녹아내릴 만큼 자신을 혹사하는 아내에게 무엇을 해 주고 싶을까? 일단 잘 먹이고, 아무 생각 말고 하루 종일 자도록 배려할 것 같다. 괜찮다고 한사코 사양하면 (십중팔구 그럴 것이다!) 억지로라도 침대에 눕히고 이불을 뒤집어씌울 것 같다. 이 여성은 며칠 푹 쉬며 천천히 자신을 돌아보면서 공황발작이 우연이 아니었음을 납득해야 한다. 무의식 속 심리의 흐름을 모두 이해하고 납득을 하면 공황발작은 쉽게 사라진다. 다만 왜 그리도 자신의 존재감을 의심하는지, 왜 사람들과 세상을 차갑게만 보는지, 왜 모든 걸 그렇게 잘해야만 하는지 이유를 알 수 없는 불안은 어떻게 해야 내려놓을 수 있는지, 왜 아무리 노력해도 외로움은 늘 자기 몫인지, 그 모든 걸 알아가는 긴 여정을 이제라도 시작해야 하지 않을까.

공황발작은 그렇게 오랫동안 의심한 적 없던 자기만의 고집, 습관, 또는 가치관에 대해 진지하게 그리고 새로운 각도에서 돌아보면서, 새로운 방식의 삶으로의 전환점을 마련해 주는 계기가 되어야 한다. 공황장애의 치유는 공황장애에 대한 감사함으로 마무리되어야 한다. 그리고 가벼워진, 희망이 섞인 마음을 안고 다음 장으로 넘어가야 한다.

건강염려증과
공황장애의 치유

길잡이 열하나   건강염려증과 공황장애는 누가 먼저랄 것도 없이
동시에 치료한다

정서장애나 성격장애를 오래 갖고 살아온 사람의 경우, 공
황장애가 겹쳤을 때는 공황장애부터 우선 해결한 후에 정서장애
나 성격장애의 치유는 긴 호흡을 갖고 천천히 시작하는 편이다.
그런데 건강염려증은 좀 다르다. 건강염려증을 직접적으로 다뤄
서 해결하지 않으면 공황장애가 잘 치유되지 않는다. 즉, 두 가지
를 동시에 치료해 나가야 한다. 건강염려증이 서서히 줄어들기 시
작하면서 비로소 공황장애의 치유가 먹히기 시작하는 사례가 대
부분이다. 물론 공황장애가 먼저 사라진 후에 건강염려증의 치료
가 본격적으로 진행되는 경우도 있지만, 그건 어디까지나 건강염

려증이 그리 심하지 않은 경우라고 볼 수 있다.

역시 오래전부터 예고된 필연이었다

앞에서 공황장애 치유의 첫걸음은 '결코 우연이 아니었음을 납득하는 것'이라고 했다. 그런데, 건강염려증이 있는 사람들은 좀 다르다. 치료가 시작될 때 이미 그렇게 굳게 믿고 있는 사람이 많다.

> "올 것이 온 거지요. 원래 허약한 몸을 갖고 태어났고, 이미 잔병
> 치레를 많이 해서 몸이 많이 상했을 거예요(억울함을 담은 한숨).
> 매에 장사 없다 하고, 스트레스가 만병의 근원이라고들 하지요.
> 스트레스로 치면 저보다 더 많이 받고 사는 사람도 없을 거예요
> (후회를 동반하는 한숨). 마음 편하게 늘어져 본 적이 언제 있기는
> 했는지 기억도 나지 않아요. 남들처럼 좀 대강 하면서 몸을 더
> 아껴 줄 걸 그랬어요. 그런 말 많이 듣는데 그게 마음처럼 되질
> 않아서…"

이러면 우선 건강염려증부터 점검해야 한다. 이들이 만약 건강을 지키기 위해 할 건 다 하는 사람이라면 더 볼 것도 없이 건강염려증이다. 나쁜 거 멀리했고, 운동 열심히 했고(다소 과할 정도로), 규칙적으로 생활했고, 뭐든지 때를 놓치지 않고 제시간에 했고, 조금만 이상해도 빨리 조치를 취했고, 그것도 모자라서 행여

또 있을 수 있는 나쁜 돌발 변수들을 헤아리면서 예방에 만전을 기했다고 가정해 보자. 아주 오랫동안 그렇게 해왔다면, 그런데도 '올 것이 왔다'고 믿는다면, 이보다 더한 궤변이 있을까. 그런데 이렇게 말하는 이들의 표정은 대체로 천연덕스럽다고 느껴질 정도로 순수하고 확고하다. 자칫 "농담이시지요? 웃지도 않고 천연덕스럽게 농담도 잘하시네요."라고 슬쩍 떠보고 싶을 지경이다. 만약 그렇게 (조금 더 점잖게) 진심이냐 물으면, 이들은 정말 진지하게 논리를 펼친다. 건강에 관해 이들이 가진 지식은 치밀하고 집요하다. 정리해 보면 대체로 이런 식이다.

"제 몸은 누구보다 제가 잘 알아요. 허약하게 태어났고 관리가 잘 되지 않았어요. 섬세하고 철저한 관리? 당연하지요. 노력이라도 했으니까 이 정도까지 유지한 거예요. 그렇게 애썼다는 게 제 스스로 제 몸이 허약한 걸 잘 알고 있다는 증거 아닐까요? 자기 몸을 믿으면 조금 방심하기도 하겠지요. 그리고 사실, 애를 썼다는 것이지 관리가 실질적으로 잘 됐다는 이야기는 아니에요. 남들은 스트레스를 받아도 잘 털어버리곤 하던데 저는 그렇지 못했어요. 그보다 부실한 관리가 또 어디 있겠어요. 게다가 저는 과로에 불면까지 자주 있었어요. 더 빨리 올 병이었는데, 그나마 노력해서 최대한 늦춘 거라는 생각이 들어요. 의사들은 늘 같은 말을 해요. '괜찮다. 다들 그렇다. 검사 결과 모두 정상이다.' 의사도 사람이고 오진은 흔해요. 의학이 알아낸 것보다 아직 밝혀내지 못한 게 훨씬 많다는 건 상식이에요. 저도 큰 탈이 난 게 아니기를 바라요. 왜 아니겠어요. 그런데 뭔가 큰 사단이 난 게 틀림없다는 생각을 떨치기가 힘들어요. 뭐든 좋으니까 차라리 확진이 나오면 제 마음이 훨씬 가벼울 것 같아요. 대신 죽을 병만 아니면 좋겠어요. 그럼 치료법이 나오고, 시키는 대로 잘 지키는건 자신 있으니까, 머지않아 나아질 수 있다는 말이잖아요. 불확실한 이 상태가 가장 고통스러워요. 안개 속을 헤매고 있는데 왠지 한 발 더 딛으면 낭떠러지일 것 같은 기분이랄까요."

공황장애… 말 되긴 하는데, 그게 다가 아닌 것 같다
뭔가 더 큰 게 숨어 있다

사람은 원래 의심을 할 때 고집이 아주 강해진다. 물건이 없어졌을 때에도, 연인이 확실히 전과는 다르게 자신을 대한다고 느낄때에도, 사업 파트너가 이런 조건이면 자기는 손해 보는 거라 말할 때에도, 한번 의심이 시작되면 확고한 물증이 잡히기 전까지는쉽사리 생각을 바꾸지 않는 법이다. 그럴듯한 논리에 쉽게 동화되지 않는다. 반대 의견을 너그럽게 받아들이지 못하고 하나하나 따져 묻는다. 눈으로 직접 보기 전에는 속는 기분을 떨치기 힘들다. 물건, 마음, 돈을 얻고 잃는 문제로도 그러는데 하물며 자기 목숨에 관한 의심이라면 집착이 덜할 까닭이 없다. 게다가 건강에 대한 의심을 아주 어려서부터 습관처럼 해왔다면 오죽하겠는가. 자기가 허약한 몸을 타고 났다고 믿는다면 어찌 안 그럴까. 이들은 몸에 아주 조금의 이상하거나 불편한 느낌에도 '혹시 뭔가 아주 치명적인 게 아닌지' 의심이 들고, 순식간에 긴장이 몸을 휘감고, 정신이 아득해지는 상태에 빠지는 게 아주 오래된 습관이다. 특히 공황장애가 시작된 후에는 더욱, 이런 식의 의심을 무의식중에 습관적으로 할 수 있다.

"호흡을 못 하면 뇌손상이 올 수도 있다."

"머리가 이유 없이 자주 지끈거린다. 뇌졸중을 예고하는 신호일지도 모른다."

"요새 얼굴 색이 노랗다. 간이 손상된 것 아닐까?"

"요새 얼굴이 잘 붉어지고 열이 오른다. 혹시 알 수 없는 호르몬 이상인가?"

"요새 식은땀이 자주 난다. 자면서도 땀에 젖는다. 혹시 면역체계가 고장 났을까?"

"속이 간혹 메슥거린다. 빨리 치료하지 못하고 자꾸 자극받으면 위암이 될 수도 있다."

"가끔 시야가 흐려진다. 시력을 잃으면 어쩌지?"

길잡이 열둘 이론에 대한 확실한 믿음이 생길 때까지 증거를 체험하게 한다

두 번째 길잡이를 다시 떠올려보자.

"육체와 정신에 이상이 없다는 믿음이 무의식에까지 닿는다."

건강염려증이 있는 사람은 여기서부터 막혀서 더 진행하지 못하고 제자리를 맴도는 경우가 대부분이다. 이것부터 풀고 가야 한다. 이 매듭을 풀려면 건강염려증 자체를 '확실한 증거들'로 공략해서 방어의 벽을, 즉 의심의 벽을 허물어뜨려야 한다. 심리상담 중에 자주 사용하는 훈련법들을 간략하게 살펴보자.

늘 긴장하고 사는 사람은 자신이 긴장하는 줄 모른다

신체감각에 집중하는 연습을 해 본다. 예를 들어, 심리상담 시간에 내담자에게 몸을 최대한 이완시키고 눈을 감고 자신의 신체감각에 집중하도록 요구한다. 그리고 이렇게 지시한다. "머리끝에서 발끝까지 천천히 모든 신체 부위들에 차례대로 주의를 기울여 보세요. 머리끝, 뒷목, 이마, 눈, 볼, 입술, 턱, 입안, 어깨, 등, 허리, 가슴, 배, 팔, 손, 다리… 각각의 부위마다 어떤 감각이 느껴지는지 자세히 묘사해 보세요. 아무것도 안 느껴지는 곳은 그냥 지나치고 뭔

가 느껴지면 다 말해 주세요."

　　건강염려증과 불안장애 그리고 이젠 공황장애까지 겪고 있는 사람이라면 십중팔구 심장의 두근거림, 눈의 압박감, 뒷목이나 어깨의 뻣뻣함, 배 속의 불편함, 손이나 발의 차가움 또는 땀 등을 주로 이야기한다. 그때 이런 질문을 던진다. "어떤 감정 상태일 때 이런 식의 신체감각이 느껴질까요?" 정답은 긴장 또는 불안이다. 그런데 이들 가운데 바로 답을 말하는 경우는 극히 드물다. 어떤 이는 모르겠다 하고, 어떤 이는 분노 아니냐 하고, 어떤 이는 "건강에 이상이 있다고 생각하고 있는 상태"라고 답한다. 그러면 다르게 질문해 본다. "만약 목과 얼굴을 지나 머리끝까지 열이 달아오르는 느낌이 있고 눈과 손에 힘이 들어간다면, 어떤 감정 상태일까요?" 이때는 주로 "화가 났나 보네요."라고 답한다. "목 아래에 짙은 안개가 가득 차서 먹먹한 느낌이 들고 눈이 시큰거린다면 어떤 감정일까요?" 물으면 대부분 "슬픔이겠네요."라고 답한다. 그러고 나서 다시 묻는다. "그러면 심장이 살짝 두근거리고 배 속이 꼬이고 뒷목과 어깨가 뻣뻣하고 손에 땀이 나면서 차가워지는 건 어떤 감정 상태를 보여 주는 걸까요?" 그러면 "불안? 긴장인가요?"라고 답하는 사람이 늘어난다. 여전히 답을 못하면 가르쳐 주어도 된다. 그러면 조금 놀란다. "아… 그렇네요. 그렇게 쉬운 걸 못 맞추다니… 왜 그러지?"

　　너무 익숙하면 인지하기 어려운 법이다. 긴장이나 불안이라는 감정 상태가 잘 인식되지 않아서 답하지 못한 것이다. 물고기가 물속에 있음을 모르듯, 늘 그런 상태에 젖어서 지내면 자신이 긴장하고 불안한 상태라는 걸 인지하지 못할 수가 있다. 분노와 슬픔을 금방 답하는 건, 그런 감정에 늘 젖어서 사는 게 아니라 가끔 찾아오는 불청객 같은 감정이기 때문에 그게 뭔지 금세 인지가 되기 때문이다.

생각이 감정을 낳고, 감정이 몸의 변화를 일으킨다

이번에는 내담자에게 추상화를 보여 주고 "그림을 보면서 어떤 일이 벌어지고 있는지 상상하면서 말해 주세요. 그만하라고 할 때까지 멈추지 말고 계속 상상을 이어가세요."라고 좀 다른 주문을 한다. 예를 들어, 내담자가 이런 식으로 상상을 펼친다고 가정해 보자. "사람들이 바에 모여서 대화를 나누고 있어요. 주변 다른 테이블에도 사람이 있을 것 같아요. 많지는 않고 몇 사람 정도뿐이에요. 전체적으로 조용하고 아늑한 분위기예요. 와인을 마시고 있네요…" 이런 식으로 5분 이상 이야기를 풀어 가도록 한다. 이야기가 끊어지려 하면 질문을 살짝 던져도 좋다. "그들이 몇 살 정도로 보이나요?" 또는 "이들은 가까운 친구일까요, 만난 지 얼마 안 된 사이일까요?" 그러면 대부분 이야기를 계속 이어서 풀어낸다.

그렇게 5분가량 지난 후에 다시 질문을 던진다. "지금 잠시 신체감각을 스캔해 보시겠어요? 아까와 혹시 달라진 점이 있나요?" 내담자가 "아까보다 좀 차분하게 가라앉은 느낌입니다."라고 답을 한다면, 증거를 하나 확보한 셈이다. 이때 다음과 같이 설명한다.

"무의식중에 스며들어오는 자동화된 사고라는 개념을 배웠지요? 아까는 긴장이 조금 있었지만 지금은 편안했지요? 상상과 이야기에 집중하느라 불안과 관련된 자동화된 사고들이 침투할 틈이 없었을 거예요. 그러면서 긴장이 줄고, 그에 따라 몸의 감각에도 변화가 왔어요. 이론이 검증되는 결과예요. 부정적인 생각, 특히 자동화된 사고가 불안한 감정을 유발하고, 그 감정 상태에 따라 신체감각에 즉각적으로 변화가 오는 겁니다. 신체감각은 감정 상태에 따라 시시각각 변화하는 게 지극히 자연스러운 일입니다. 좀 더 강한 긴장을 유발한다면 신체감각은 좀 더 큰 폭으로 동요를 하겠지요."

필드에서의 실전에 앞서
실내에서의 연습이 절대적으로 많이 필요하다

이처럼 '생각 → 감정 → 신체'로 이어지는 흐름을 몸소 체험하는 게 매우 중요하다. 일반적으로는 이론적인 설명만으로도 충분히 납득하고 받아들이지만 건강염려증이 깊은 사람들은 스스로 체험하기 전에는 의심을 잘 거두어들이지 않는다. 그래서 긴장 상태와 긴장이 낮은 느긋한 상태를 구분하는 법을 몸으로 터득하는 게 무엇보다 중요하다.

그 후에는 여세를 몰아서 토론을 이어간다. 평소에 공황발작이 언제 오고, 언제 오지 않는가에 대해서 집중적으로 따진다. 대체로 바쁘게 일할 때, 친구들과의 대화에 몰두할 때는 공황발작이 오지 않는다. 그런데 한가할 때, 쉴 때, 할 일에 집중 못 하고 잠시 멍 때리거나 딴 생각을 할 때 공황발작이 온다는 걸 확인한다. 그러면서 이론이 그대로 적용됨을 받아들인다. 불길한 자동화된 사고가 침입해서 휘저을 틈을 주지 않으면 감정의 동요도 없고, 따라서 신체 증상도 없다는 것이다. 모든 상황과 모든 생각을 다 찾아내고 확인함으로써, 공황발작의 점화에는 반드시 '그 상황에서의 그 생각'이 있었다는 걸 깨닫도록 돕는다.

긴장 상태와 느긋한 상태를 구분하는 법을 몸으로 체험한 후에는, 사는 내내 늘 긴장에 젖어서 살아왔고, 따지고 보면 어릴 적에도 긴장이 높았었다는 걸 자각할 수 있게 된다. 그렇게 되면 비로소 공황발작이 시작되는 것도 납득이 되고, 공황발작이라는 현란한 신체 증상들이 심각한 질병이 아니더라도 얼마든지 가능했다는 것을 받아들이기 시작한다. 그렇게 해서 '육체와 정신에 이상이 없다는 믿음'이 서서히 자라난다.

길잡이 열셋 신체감각에 변화를 줌으로써 공황발작을 맞이하는 연습을 한다

신체감각의 변화,
그 자체가 공황발작을 점화시키는 촉발요인이다

실내에서의 연습을 통해 이론을 충분히 익혔다면 이젠 필드에 나가 실제로 부딪혀야 한다. 이들도 역시 공황발작을 불러들여서 맞이하는 연습이 결정적으로 중요하다. 이들에게 있어서 또 한 가지특이한 점은 신체감각의 변화가 공황발작을 점화시키는 주된 요인이라는 사실이다. 상황적인 요인보다는 신체감각의 '미세한 변화'가 이들에게는 더 자극적이다. 그래서 실전 연습에서는 몸의 감각을 일부러 크게 변화시켜서 자극하는 방법이 가장 효과적이다.

앞에서 제시한 예시 6이 좋은 예가 될 수 있다. 잠자리에 들기 전에 숨을 픽픽픽 들이마시기를 3초간 열 번 정도 해 준다. 제자리 뛰기를 조금 해 주면 더 자극을 줄 수 있다. 심장박동이 빨라지고 숨이 가빠지고 살짝 어지러워지면서 공황발작이 오거든 증상이 지속되는 10분 동안에 자기 몸과 정신을 이모저모로 시험해 본다. 단순한 여러 가지의 작업을 해 본다. 설거지를 해 봐도 좋다. 빠르고 능률적으로 하지 못할지라도 어느 정도 머리, 눈, 손, 팔이 잘 기능하고 있음을 느낄 수 있다. 백 미터 달리기 직후에도 설거지는 딱 그 정도로 힘들다는 걸 기억하면 더 좋다. 이 외에도 공황발작을 불러일으키는 방법은 여러 가지가 있다. 머리를 세차게 흔들기, 의자에 앉아서 머리를 다리 사이에 30초 동안 끼워 넣기, 계단 빠르게 뛰어오르기, 팔굽혀 펴기를 빠르게 하기, 회전의자에 앉아 빠르게 회전시키기 등이다.

길잡이 열넷 <u>어린 시절의 극단적이고 엉뚱한 사고 패턴이 무의식의</u>
<u>습관으로 굳어서 현재도 그대로 작동하고 있음을 깨닫</u>
<u>는다</u>

이제껏 생각이 감정을 결정한다는 걸 강조했다. 반대의 방향도 또한 가능하다. 즉, 감정의 상태가 생각을 결정하기도 한다. 예를 들어, 토라진 사람은 삐친 마음이 풀리기 전까지는 서운한 생각밖에 하지 못한다. 제아무리 평소에 너그럽고 고매한 인격을 자랑한다 해도, 삐쳐 있는 시간 동안에는 너그럽게 생각하기가 힘들다. 하나도 안 서운하다는 말을 억지로 해 봐야 표정이 따라와 주지를 않는다. 마찬가지로, 긴장한 사람의 머릿속에는 불길한 생각만 무성하게 마련이다. 이유가 무엇이건 긴장이 높은 상태에서는 평소에 잘하던 논리적, 합리적, 긍정적인 생각을 하기가 쉽지 않다. 그런 식으로 '감정 상태'가 생각에 지대한 영향을 미치기도 한다. 어른들도 그러는데, 더군다나 어린아이가 늘 긴장 속에 산다면 어떨까.

건강염려증이 있는 사람은 대부분 어릴 적에 늘 불안한 채로 지냈을 가능성이 매우 높다. 그걸 잊고 살아서, 또는 불안이 불안인 줄 몰라서, 자신이 어릴 적에 정말 긴장 속에 살았음을 깨닫기까지 시간이 좀 걸리는 사람들이 참 많다. 주로 혼자 방치된 시간이 많았거나, 무심한 부모 때문에 마음이 늘 서늘하고 기가 죽었거나, 부모가 너무 무서워서 숨죽이고 살았거나, 몸이 심히 아팠거나, 또는 부모가 많이 아파서 늘 불안했거나 등의 과거가 있다. 어린아이가 감당하기에는 벅찬 긴장감 속에서 내내 살았다. 이처럼 긴장에 젖은 상태에서는 자기 몸이 조금 아프거나 약간만 이상해도, 또는 주위 사람이 아픈 모습을 보면 자기도 어딘가 크게 아픈 건 아닌가, 곧 죽을 수도 있는 건가 괜한 불길함에 사로잡힐 수 있다. 예를 들어 물을 마시다가 사레가 걸려서 켁켁거릴 때에도 '엄마가 이 소리를 못 들으면 내가 죽을 수도 있겠구나.' 생각하기도 한다.

어린아이의 생각은 매우 극단적이고 엉뚱하다. 하물며 긴장 속에 살고 있는 아이들은 그처럼 말도 안되는 생각을 아무렇지 않게 한다. 그리고 자신이 그런 생각을 했다는 것조차 인지하지 못한다. 언어로 표현되지 않은 생각이며, 막연하지만 강렬한 느낌이다. 그리고 긴장 속에 느낀 것이 사실처럼 무의식에 새겨지고, 반복된 체험을 통해 차차 습관이 된다. 그리고 그게 어른이 된 후 '자동화된 사고'의 형태로 활동한다. 앞에서 언급했던, 건강염려증이 있는 사람의 자동화된 사고들을 다시 살펴보자.

"호흡을 못 하면 뇌손상이 올 수도 있다."

"머리가 이유 없이 자주 지끈거린다. 뇌졸중을 예고하는 신호일지도 모른다."

"요새 얼굴 색이 노랗다. 간이 손상된 것 아닐까?"

"요새 얼굴이 잘 붉어지고 열이 오른다. 혹시 알 수 없는 호르몬 이상인가?"

"요새 식은땀이 자주 난다. 자면서도 땀에 젖는다. 혹시 면역체계가 고장 났을까?"

"속이 간혹 메슥거린다. 빨리 치료하지 못하고 자꾸 자극받으면 위암이 될 수도 있다."

"가끔 시야가 흐려진다. 시력을 잃으면 어쩌지?"

어른이 된 지금도, 긴장 속에 살던 어릴 적의 습관 그대로를 재현하고 있다. 지금도 무의식중에 '나는 혼자야. 내게 어떤 나쁜 일이 생겨도 전혀 이상하지 않아. 몸이 고장 났나 봐. 그럼 난 곧 죽겠구나.' 그런 식으로 사고가 흐른다. 그리고 그때 그 아이처럼, 누군가 의지할 만한 사람이 곁에 있어 주면 비로소 안심하고, 자동화된 사고가 효력을 잘 발휘하지 못한다. 건강염려증이 있는 사람의 대표적인 안전행동은 '가까운 이를 필사적으로 곁에 두기'다.

여기까지 마음 깊이 깨달으면, '그러게, 지금은 여섯 살이 아닌데…'라는 생각이 들면서 피식 웃을 수 있을지도 모른다. 그건 건강염려증과 공황장애가 진정 치유되어 가고 있다는 반가운 신호다. 아주 오랜 세월 동안 긴장이 일상이었고, 그 때문에 극단적으로 불길한 생각을 하는 게 습관이었기 때문에 그런 생각이 이상하다는 걸, 심지어 그런 생각을 무의식중에 한다는 걸 느끼지 못했던 것뿐이다. 고집스럽던 안전행동은 피식 웃음이 새어 나오는 허탈함과 함께 사라진다. 앞에서 누누이 강조했던 것 하나를 꼭 기억하자. "인지적인 통찰에 이어서 정서적인 통찰에 다다르면, 행동 변화는 스르르 일어난다."

공황장애는 결국 무지 때문입니다. 공황장애에 대한 올바른 지식이 공황장애에서 벗어나는 열쇠가 됩니다. 알면 쉽게 달라질 수 있는데 알아야 할 걸 알지 못해서 빠져나오는 길을 찾지 못하는 것뿐입니다. 긴장과 각성이 차곡차곡 쌓여서 턱밑까지 차올라 있었음을 전혀 알지 못했습니다. 우리는 신체의 각성이 역치 수준을 넘기면 공황발작을 하도록 되어 있다는 걸 배운 적이 없었습니다. 무의식중에 스쳐 가는 불길한 생각들이 각성을 순간 치솟게 함으로써 공황발작을 점화시킨다는 걸 전혀 눈치채지 못했습니다. 당황하고 초조해진 나머지 뭐라도 해 보려고 애쓰는데, 사실 그게 더 화근이 된다는 걸 상상조차 못했습니다. 어떻게든 불안을 누그러뜨리고자 했던 무의식적인 행동들이 사실은 불안을 더 부추겨서 결국 공황발작을 더 많이 점화시킨다고 생각해 본 적이 없었습니다. 그냥 그랬던 것뿐입니다.

공황장애의 치유는 몰랐던 것들을 하나씩 알아나가면서 정확히 이해하고 몸소 납득하는 데서 비롯됩니다. 치유는, 몸과 마음에 아무런 고장이 없다는 믿음이 만들어지는 과정입니다. '고장이 난 게 틀림없다'는 잘못된 의심과 불길한 느낌이 언제, 왜, 어떻게 피어오르는지 찾아내는 게 필수입니다. 찾아내지 못하면 털어 낼 수가 없습니다. 털어 내지 못하면 무의식중에 침입해서 마음을 온통 휘젓고 다니는 걸 막을 수가 없습니다. 부정적인 마음의 습관들이 어릴 적부터 어떻게 만들어지기 시작했는지 이해하는 것도 필요합니다. 심리장애가 만들어지는 과정에서 어릴 적 경험들과 무의식이 결정적인 역할을 합니다. 따라서, 심리치료에서 그것들을 탐색하고 파악해서 납득하는 과정이 반드시 필요합니다. 하나하나 알아 가는 과정은 두려울 수도 있고 무거울 수도 있고 답답할 수도 있지만, 하나씩 납득할 때마다 그만큼씩 마음이 가벼워집니다.

무지는, 이제껏 스스로도 알아주지 못했던 자신의 속마음은 누구의 잘못도 아닙니다. 그저 그런 게 인간의 운명이었고 자연의 섭리였을 뿐입니다. 어릴 적 경험들, 타고난 예민한 감수성, 살면서 겪은 고난들, 어느 것도 당신의 잘못이 아닙니다. 이 모든 게 당신만의 독특한 불운도 아닙니다. 그냥 그런 게 삶이라고 말하면 너무 무심하게 들릴지도 모르겠지만, 저는 진정 그렇게 믿습니다. 그렇게 믿는 근거를 굳이 말해야 한다면, 이것 하나는 자신 있게 말할 수 있습니다. 공황장애를 겪고 나서 몰랐던 자신을 새로이 알게 되고, 공황장애에서 벗어나 오랫동안 방치했던 자기 마음을 제대로 보살피기 시작한 모든 사람들이 다들 그렇게 느낍니다. 그 사실을 꼭 알려드리고 싶었습니다. 이런 게 삶인 것 같다고, 누구에게나 저마다의 고뇌와 시련이 있는 것 같다고. 자기를 잘 보살펴야 하는 책임은 자신에게 있으며, 그 길은 찾으면 열릴 수 있습니다.

공황장애 그 자체는 불운이 아니며 지독한 불운을 가장한 흔들어 깨우기입니다. 즉 중요한 전환점을 마련해 주는 계기가 되기도 합니다. 공황장애를 겪었거나 겪고 계신 분들은 누구보다 진지하게 자신과 삶과 사회를 아끼고 살피는 분들입니다. 그분들이 좀 더 큰 격려와 지지를 받으시기를 소망합니다.

호랑이 그림자를 한 고양이
공황, 오늘도 죽다 살아난 사람들

1판 1쇄 펴냄 | 2020년 6월 1일

지은이 | 김진관
발행인 | 김병준
편 집 | 김서영
디자인 | 김은영·이순연
마케팅 | 정현우
발행처 | 생각의힘

등록 | 2011. 10. 27. 제406-2011-000127호
주소 | 서울시 마포구 양화로7안길 10, 2층
전화 | 02-6925-4185(편집), 02-6925-4188(영업)
팩스 | 02-6925-4182
전자우편 | tpbook1@tpbook.co.kr
홈페이지 | www.tpbook.co.kr

ISBN 979-11-85585-88-8 03180

이 도서의 국립중앙도서관 출판예정도서목록(CIP)은
서지정보유통지원시스템 홈페이지(http://seoji.nl.go.kr)와
국가자료종합목록시스템(http://kolis-net.nl.go.kr)에서
이용하실 수 있습니다.(CIP제어번호: 2020015939)